电商创业

让农产品的故事疯传起来

黄道新 主编

人民出版社

目录
Contents

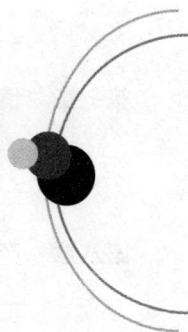

序　言

再不疯狂农业就老了

对这个标题，相信有些人会以"胡扯"斥之。稍有常识的人都知道，人类的农业史长达万年，比人类的文明史多出好几千年，地球上还有哪个产业能比农业岁数更大？然而，如果你让自己的思想稍微浪漫一下可能就会认识到，年龄大和老不一定画等号。就像美国电影《时光尽头的恋人》中的那位女主角，身体机能和容貌永远停留在了二十几岁，谁还会说她老？

当然，这里所说的"农业之老"并不浪漫，甚至可以严肃到沉重的地步。一个典型的证明就是：到2017年，具有标志性的中央一号文件已经是连续第十四年以"三农"为主题了，这一方面显示了中央政策对农业的重视，另一方面也说明农业的发展状况还不能完全令人满意。数据显示，一方面粮食产量和农民收入逐年增长，另一方面农产品进口也在增长。作为一个农业大国，在农业发展最好的时期，主要农产品依然需要进口，且呈增长态势，这说明农业发展的速度赶不上社会对农产品需求的增速。在2017年中央一号文件中已经明确指出，我国农业发展进入了新的历史阶段，主要矛盾由总量不足转变为农产品供求结构失衡，突出表现为阶段性供过于求和供给不足并存。说白了，就是供需脱节。

我们在生活中都会有这样的感受：家里的餐桌上什么都不缺，就是稀缺"好东西"。而一旦走出门去，却发现中国各地其实遍布着"远在深山人未识"的好东西。再看看那些跨国门而来的"洋品牌"农产品在市场上大行其道，就大致知道问题的症结了。

好东西需要发现、开发和营销，通过品牌效应才能真正具有生命力。而在这些方面，相比起流行工业品来说，农产品总体上乏力，并且落伍。这也是当前农业供给侧结构性改革中必须实现突破的一个重要环节。

正在这个时候，我们有了比较成熟的互联网营销工具；正在这个时候，国内涌现出了一批"跨界"创业的新农人；正在这个时候，编辑出版了这样一本专门讲述农产品现代营销实例的工具书。

乔纳·伯杰的著作让"疯传"这个词汇流行了起来，也只有在今天这个时代，才能造就如此快速且热烈的传播奇迹。本书借鉴了这个词汇，把农产品营销放置在时代的脉动上，展开了一个个传奇故事的讲述和剖析。

中国的农产品绝对不缺精彩的故事，因为它们有几千年的农业文明作底蕴。中国的农产品营销必须要将越来越多的精彩故事"疯传"起来，因为在"中国梦"的伟大征程中，绝不能允许一个老态龙钟的第一产业！

于是，"再不疯狂我们就老了"，李宇春的这句歌词，便成为当下一种特别的寄望和行动。也许，可以从这本书以及书中的故事开始。

郭晓东

资深媒体人，为中央电视台《感动中国》

《慈善之夜》等大型活动撰稿

第一章 讲好故事：新时代的营销智慧

——口碑传播的商业价值与市场魅力

- 口口相传：口碑营销的商业价值
- 病毒式传播：口碑营销的时代魅力
- 讲好故事：新口碑传播时代的营销工具
- 商业变革：用营销故事拓荒农产品市场

故事是一种最原始的娱乐方式。每当夜晚，故事是孩子最好的抚慰，母亲讲故事是儿时最快乐的记忆；有的故事可以祖祖辈辈讲下去，故事承载的是一个家族的文化和价值观；一个故事可能让两个人找到共同的兴趣点，心灵很容易搭在一起。

市场营销需要传播，当然也需要讲故事。与传统营销相比，营销环境已经发生了深刻的变化。在信息滥觞与社交饥渴的今天，口碑营销更具现实意义。

口口相传：口碑营销的商业价值

营销学家菲利普·科特勒指出，口碑营销是由生产者、销售者以外的个人通过明示或暗示的方式，不经过第三方处理加工，传递关于某一特定产品、品牌、厂商、销售者以及能够使人联想到上述对象的任何组织或个人信息，从而使被推荐人获得信息、改变态度，甚至影响购买行为的一种双向互动的传播行为。简单地理解，凡是以口碑传播为途径的营销方式都可称之为口碑营销。传统上，口碑营销的商业价值体现在以下几个方面：

1.可信度高。首先，口碑传播多发生在关系较为亲近的朋友或家人中，因为没有限制或拘束，相互信任的程度较高，能够很自然地接受周围人的意见。其次，口碑传播一般是基于消费经验的总结，对于有购买意愿的消费者来说，关于产品或服务的真实体会和使用经验有相当强的说服力。

2.成本低。对接受者来说，从传播者那里获得关于产品或服务的评价时，可能只需要付出有限的时间成本，这个成本相对于亲自消费体验或者寻求专业评价的成本来说，甚至可以忽略不计。当人们交谈时，对口碑营销的传播者来说，相比其他广告媒介，口碑营销的成本低得多。

3.互动性强。口碑活动与商业大众传媒的最大不同是，口碑交流者之间是直接的、面对面的联系，而大众媒体则依赖于不同形式的媒体来传播信息。口碑信息在传播者和接受者之间双向沟通，交流者往往是非正式的沟通，因此口碑传播的互动性很高。这种互动体现在两个方面：一方面，这种沟通的发起者可以是口碑传播者，也可以是口碑接受者，也就是说口碑传播有主动告知和主动搜寻两种方向；另一方面，这种沟通没有次数的限制，口碑信息在双方更加深入的提问和回答中更加详细和完整。

4.记忆性强。由于口碑是在非正式场合中进行交流和传递的，其信息更具有活力、更加亲切，因而更容易给人留下深刻的印象，尤其是愉快的购物经验让人记忆更深刻和长久。

病毒式传播：口碑营销的时代魅力

2017年上半年腾讯财报显示，腾讯QQ月活跃账户数达到8.50亿，而微信和WeChat的合并月活跃账户数达到9.63亿，微信、微信公众号以及QQ已经成为中国人获取知识、方便生活、学习知识的主要渠道。

从营销的角度看，我们把今天所处的时代定义为新口碑营销时代，但是，古老的讲故事的智慧依然是人类交往和企业营销的重要工具。有个"段子"：最近几年某著名品牌的口香糖销量下降了，因为口香糖遇到了微信，口口传播变成了指尖速递，而口口传播才需要口香糖，所以销量下降了。可见，指尖的信息传递功能更加强大、技术更加多样，例如表情包、链接、转发、朋友圈，以及大容量储存、多屏转换、自媒体发布等，大大延展了传统的口碑传播，使口碑传播的方式进一步扩展，口碑传播的影响越来越强。从新一代消费者的习惯来看，一对一的会话式交互带来更好的沟通体验。研究显示，70%的客户倾向靠自己解决问题。简单的查询和互动，如信用卡还款信息、航班预订等问题，都可以随时和随地更快速地解决。而会话机器人以及VR和AR的使用，背后的大数据分析、消费者数据管理以及人工智能等消费者个性化分析工具，让未来的"一对一"沟通进入了新的阶段。可以说，我们进入了一个新口碑传播的时代，口碑传播的作用有了新的含义。

1.海量信息的涌现增加人们对信息选择的困难，从而更突出了口碑的作用。互联网时代使得人们获取信息更加便捷，也使得信息发布更为容易，海量信息几乎成为每个人接触信息的一个常态。实际上的状况是，人们一方面享受着丰富的信息带来的便利，另一方面也在忍受着"信息爆炸"的困扰。对世界10家跨国公司的调查发现，由于每天要处理的信息量太大，反而超过了他们的分析能力，妨碍了他们的决策效率。艾瑞网调查也显示，超过60%的人进入社交渠道或获得社交软件都是熟人推荐的。因此，人们越来越倾向于从熟人那里或朋友圈中获得选择的依据。

2．信息技术的创新也强化了口碑传播的影响力。信息技术扩展了人的口、耳、眼的功能，把人类的交往技能最大限度地浓缩在指尖上。这种信息效率的提升，实际是强化了人的口碑功能，只不过在交往中表现为指尖的滑动。我们会发现，过去不愿意分享的信息，找不到对象分享的信息，或者懒得去传播的信息，现在都可以通过指尖轻松完成分享，既不占用多少时间，甚至都不需要考虑接受对象的感受。这些都进一步强化了口碑传播的影响力。

3．自媒体成为口碑的扩展载体，提高了口碑传播的正规性。全球首份自媒体专题报告《自媒体：大众将如何塑造未来的新闻和信息》，对自媒体进行了初步定义："自媒体是大众借助数字化、信息化技术，与全球信息及知识系统连接后所展现出来的大众如何提供、分享他们自身的信息、新闻的渠道和方式。"这里边的大众，其实就是与媒体相对应的普通民众，自媒体成为他们传播信息的新载体。腾讯的数据表明，现在的公众号已经超过2000万个。很多公众号其实就是个人注册的，用于表达个人声音的。而他们的传播，虽然看起来已经不是传统的口碑方式，带有了媒体的形式，但本质上还是一种口碑行为。

4．口碑行为的可度量使得人类的口碑传播行为越来越受到关注。现在，网络已经成为人的口、耳、眼的复合载体。这虽然给人带来了很多便利，但也使人的行为几乎没有隐蔽性。所有的行为均是可采集、可度量的。例如，消费者对产品的选择，对广告的反应，甚至在网络上对产品的意见，都是可以采集和分析的。所以，统计一个产品的口碑效应是十分容易的事情。这使得企业会越来越重视口碑，例如消费者的点赞和差评，都是重要的信息。

总之，抓住时代的营销特点，善用顺应时代发展的营销工具，是一切营销人所需的特质，也是营销人必须面对的营销智慧考试。

讲好故事：新口碑传播时代的营销工具

沃顿商学院的市场营销教授乔纳·伯杰于2013年出版了一本著作，《疯传——让你的产品、思想、行为像病毒一样入侵》，特别讲到口碑传播的作用，这本书很快成为亚马逊地方畅销书。在书中，他经过实证的研究，基于口碑传播的规律，提出疯传的六原则。其中，讲故事就是他十分推崇的一个方法。他说："今天我们有数千种娱乐形式可供选择，但我们喜欢听故事的传统还没有改变。"

无独有偶，诺贝尔经济学奖得主、耶鲁经济学教授罗伯特·希勒认为："故事是会流传的：从一个人传给另一个人。有些故事很快就会被淡忘，有些则会持续很久。我觉得故事就像是一块宝石，你从某处听说之后，就会想着下次在和别人聊天时可以提起这个故事。你会尽力表述清楚，因为你希望别人能和你产生共鸣。这就是故事，套用互联网的说法，故事会像病毒般扩散。"

也就是说，讲故事，不仅是一个文化现象，也是一个经济现象，更是互联网环境下的传播现象。可以说，互联网条件下的营销，传播是最重要的营销要素，而讲故事是最有效的营销手段。

1. 营销故事是企业强化品牌记忆的有效工具。品牌是企业营销的重要元素和价值体现，而传播则是企业品牌战略最重要的手段之一。换句话说，没有消费者或客户的认知，就谈不上品牌。企业需要讲好自己的故事，去强化企业品牌在消费者和客户中的印象。很多产品的品质并不是消费者能够判断的，也不是简单的商品之间的比较可以分出高下的，这个时候，通过企业的故事，把企业的质量情怀、品质追求、管理过程和质量水准传播出去，可以最大限度地强化企业的品牌。

2. 营销故事是展示企业精神追求的有效工具。企业如人，有追求有梦想才有感染力，才有影响力。马云是一个讲故事的高手，在阿里巴巴18年的生日庆典上，马云宣称阿里巴巴不是企业，而是一个经济体，在未来的几年内，阿里巴巴要成为世界第五大经济体。再结合马云所追求的是建一个102年的企业，而不是一般的百年企业，就可以感受到这样企业的精神追求。市场是需要经济手段去竞争，更需要精神手段去吸引。而要达到这个目的，讲好故事是最好的手段。

3. 营销故事是揭示企业背后细节的有效工具。曾几何时，"细节决定成败"是一个很流行的管理共识。但是，在高度信息化的繁华盛景下，有些企业会迷失方向，只会强化消费者或客户接触前端的局面传播，而对背后的细节缺少重视。这在一定程度上制约了消费者和客户对企业的认同。前不久海底捞被曝光其后厨的问题，使得海底捞一个非常精彩的故事大打折扣。尽管其公关处理令人称道，但故事的不圆满令人唏嘘。很多企业对此有非常清醒的认识，通过营销故事向消费者和客户展示背后的信息，取得越暴露隐私越令人向往的效果。在这一点上，故事有特殊的作用。

4. 营销故事是传播企业文化的营销工具。互联网条件下的营销，被有些专家称为内容营销，也就是说今天的企业不仅仅是卖产品，更重要的是要通过产品架起与消费者交流畅通的桥梁。江小白作为白酒中的普通产品，被创业者们演绎成一个连接社交、传承文化的载体。据说，江小白公司里有几十个专门负责内容制作的人员，几乎每一批产品会讲述不同的文化理念，针对白领阶层不讲历史，只讲江小白的社交故事，成为白酒界虽无悠久历史，却最有文化气息的典范。

与传统的时代相比，故事营销的核心精神虽在，但讲故事的艺术性要求更高了。一是讲故事的方式有了很大的变化。例如文字当中插一些图片，就可能把故事的意境提高不少。二是故事的呈现形式多样化。以前的呈现要不是文字，要不是口头，要不是一种艺术形式，而现在各种各样的呈现媒体，会使得故事的呈现形式越来越丰富。例如，我们发现同样一个故事在手机、iPad上以及在电脑桌面上的呈现都有所区别。三是故事的讲法也与以往相比有了更丰富的发展。受互联网文化的影响，文字以及表达、语言范式、表现风格甚至逻辑关系都与以往相比有了很大的变化。所以，即使是讲同一个故事，我们赋予的故事的含义也不同。

商业变革：用营销故事拓荒农产品市场

农产品市场是未来的蓝海，但必须看到，农业领域几乎是农产品品牌的荒地，也是很多投资者的伤心地。究其原因，主要是很多投资者以及新农人没有认真分析农产品营销的规律，没有找到农产品营销组合的黏合剂。

研究了营销故事的创作规律和效果之间的关系，我们发现能够打动消费者的故事，基本都具备一些共同的要素，据此我们将农产品故事的创作规律归纳为六个要点。

1. 触点。即产品生产者与产品的渊源和情怀。触点几乎是每一个新农人都有的情结，其实也是每一个农民都抹不去的印记。我们会发现，成功的农民企业家的故事当中，都透着浓浓的农村情怀。对于农产品经营者来讲，一个好的故事，一定要有触点，即要找到与被沟通者相通的话题。在我们总结的案例中，读者可以看到像"老味道"案例中是如何要做老味道这个事业的情结，就是整个故事的触点。触点会把我们带入故事之中。

2. 卖点。即消费者购买产品的理由。情怀只是引起消费者共鸣的切入点，并不是消费者购买农产品的理由。有的经营者希望用自己对农村的情怀来感染消费者，以此撬动销售，往往很难奏效。这是因为，消费是购买行为，不是慈善行为，理性的购买或持续的购买一定是基于需求。所以，企业经营者不能把概念作为卖点，也许你的故事触点击中了消费者，但那个作用也就是刚刚入戏而已。所以，成功的营销不能仅仅依靠感情的打动，还要靠实实在在的产品。

3. 盲点。即消费者不了解的产品生产过程的背后。最近海底捞的案例让我们看到，故事讲得再好，但是忽略了消费者看不到的产品生产过程的背后，都不能算一个好故事。农产品的生产过程就是一个典型的盲点。在一个农产品的营销过程中，消费者可能最质疑的就是生产过程中的生态、安全以及卫生等。我们看到一些经营者会在实体店里播放一些生产过程的视频，来增加消费者的信心。这种做法有一定的作用，不过，如果一个企业能够把这样的盲点放到企业完整故事当中去，而不是碎片化的信息传递，效果就会更好。

4. 泪点。即经营者最难忘或最痛苦的经历。农业生产过程是一个辛苦的过程，每一个新农人都有述说不尽的泪点。仅仅告诉消费者自己的苦处是不够的，要把感动自己的泪点变成故事精彩的一部分。泪点对不同的人可能是不一样的，农民们的泪点往往在一年甚至几年的辛苦后，到收获的时候才发现产品可能已经烂大街了。这个时候的欲哭无泪就成为泪点。一般说，农产品经营的泪点会很多，但故事应该从消费者角度选择与产品或企业认知关系最密切的情节。为了泪点展示一些无关的细节，容易引起反感。

5. 拐点。即企业在发展过程中或产品在销售过程中从低谷或者从无人问津到良好发展的转折点。几乎所有的企业都会有这样的转折点，而农产品经营过程会有更多曲折。一般说拐点的出现既有偶然性，也有必然性，甚至有的时候会有戏剧性。例如楚牛香的案例中，曾芳陪朋友到饭店吃饭，发现牛肉市场的火爆，进而引发他将牛肉产业作为创业选择，这个拐点出现就十分具有戏剧性。对拐点的细微描写，可以大大增加故事的真实感受。

6. 兴奋点。即企业发展或农产品营销取得的佳绩。这是企业经营者的兴奋点，也是消费者的兴奋点。因为没有消费者不喜欢购买自己产品的企业是成功的。兴奋点所起的作用会进一步强化消费者对企业的信心。其实，讲自己企业故事的兴奋点，似乎是企业最擅长的。但是，中国很多企业最大的败笔就是功利性太强，企盼用兴奋点带动业绩增长，结果是消费者看到企业的故事变味成了荣誉展示，或者是一碗碗无关痛痒的"鸡汤"。巧妙地将自己的兴奋点与消费者的诉求点结合在一起，才能躲避这样的误区，也才能使企业的故事圆满。

六个要点可以是一种故事思维，也可以成为一种营销思维。深入理解这六个要点的不同作用和它们互相之间的协调，就可以讲好企业和产品的故事，本书中的案例都是运用六个点理论的结果。当然，六个点理论不是教

条，要灵活运用、综合运用和结合实际运用。最后，我们用表的形式对这六
个要点进行简单的归纳（见表1-1）。

表1-1 六大要点让产品故事深具魅力

	定义	故事中作用	通常的写法
触点	经营者与产品的渊源	带读者进入情境	回忆、人物记忆、偶然等
卖点	消费者的购买理由	表明产品的真正定位	产品设计、产品特殊功能以及特殊效用
盲点	消费者不了解的生产或运营背后	促进消费者对产品或企业的信心	可以用文字也可以用其他的手段
泪点	最难忘或最痛苦的经历	与消费者沟通感情	选择与消费者对产品或企业认识最直接的情节
拐点	企业从低谷到良好发展的转折点	曲折的经历增加真实感受	某个事件、某个机会的出现，某个人的特殊作用等
兴奋点	营销努力的佳绩表现	把读者带入高潮，强化信心	尽量少用荣誉，多用消费者的事例或有影响的数据

第二章 产品优选：确定故事的主人公

——从月子妈妈到酒酿妹妹的蜕变

- 坐月子做出的事业
- 淘宝网小试身手注册公司
- 我是"夏小米"，生活因我而美丽
- 家人的鼓励，让我不言放弃
- 谁会喝我的米酒？
- 小米遇到了销售瓶颈
- "夏小米"的代理制度

小米是一位小巧灵秀的80后川妹子，其实，小米不是她的本名，她原名叫何云燕，之所以大家都这样称呼她，和她的创业故事有关——纯手工制作"夏小米"鲜酿、米酒和酒酿系列产品。

坐月子做出的事业

小米中学毕业后从家乡四川达州到杭州工作，在那里她认识了一位安徽铜陵小伙子，在工作中两人渐渐走到一起。最终，小米随同小伙儿来到铜陵，在这里他们组建了家庭。

儿子出生后，小米的表姐来看望她，带来了家乡的米酒和酒酿，告诉她这些东西有非常好的催奶效果，每天都做给她喝。喝了几天后，奶水很丰沛，儿子长得也非常壮实。邻居的姐妹们看到她的儿子带得这么好，纷纷向她讨教。小米是个热心人，于是，她把酒酿催奶的作用介绍给姐妹们，并且凭着在家乡看老人们做米酒的一些记忆，开始尝试着自己做一些酒酿送给她们喝，喝过的人都觉得不错，好姐妹就鼓励她不如开个公司，手工制作米酒和酒酿。

2013年年底小米带着儿子回到老家，姑妈是个能人，当地的一些特色美食她都会做，做酒酿更是拿手。小米拜姑妈为师，学习制作酒酿。经过三四个月的学艺，基本掌握了手工制作的工艺，这时儿子也已经有八九个月大了，她是个闲不住的人，决定要做点事情，就从手工制作酒酿开始吧。

淘宝网小试身手注册公司

回到铜陵后，小米在家中手工制作酒酿。刚开始做的时候，由于温度和湿度掌握不好，每批酒酿制作出的甜度不一样，口感不同。又到江南的其他地方去学习，与四川的做法相融合，终于琢磨出自己的制作方法。每天基本上是一个人从早忙到晚，丈夫只有在下班后帮帮她。大约20斤的糯米，经过选米、浸泡、蒸米、发酵等多道复杂的工序，一次能制作出15斤米酒和酒酿。做好的米酒和酒酿，小米在淘宝上注册了"夏小米酒网店"，分别用5斤、3斤的塑料桶分装，通过网店销售，当时每天能发货10—20件。在淘宝网店小试身手找到销路后，坚定了小米创业的信心。2015年5月，小米以个人名义注册了铜陵幺妹食品有限公司。在村子里租了一个大约2亩地的院子，正式开始运转。企业也从当初的单打独斗，到今天已经发展到10来个人的固定团队。

我是"夏小米"，生活因我而美丽

小米给自己产品起的名字叫——"夏小米"。说起这个名字的由来，小米嫣然一笑，脸颊微微泛红，她说，"幺妹"在四川是女孩子的通用名称，怕不能通过注册，而当时小米手机非常火，她的产品刚好需要糯米加工，使她从中获得了灵感，另外先生姓夏，出于对先生的尊重，最终选择了"夏小米"。后来，也证明了这个名字不仅好记、易传播、带有较强的网络色彩，同时与产品的结合度也高。产品有了自己的品牌还只是个开始，为了扩大宣传、推广市场，小米喊出"我是夏小米，生活因我而美丽"的口号（见图2-1）。

图2-1　我是"夏小米"，生活因我而美丽

在小米的记忆中，米酒不是个平常的东西，小时候这东西是只有逢年过节或者女人坐月子的时候，才能喝得上的稀罕物。现在米酒却变成了一种稀松平常的产品，打上了地方特色的烙印，在南方很多旅游景区都能看到卖米酒的小摊位，在与商贩们讨价还价的过程中，会发现它每斤的价格从10多块钱到20多块钱不等，即便是北方也能在超市里轻松地找到。如此平常又卖不出价钱的东西，小米为什么还要花力气去做？她说我是个追求完美的人，要么不做，要做就要做到最好。米酒是地方特色产品、旅游产品，又普遍缺乏品牌，没有工艺标准，我要打造自己的品牌，让人们真正品味到米酒独特的甘醇。

不断探索

2013年，我特意回四川跟我姑姑学习制作酒酿。了解学习选米、做曲、蒸米、发酵等工艺，几个月后我回到安徽开始自己摸索着做米酒，刚开始做的时候温度和湿度掌握不好导致酿出来的酒酿不甜，口味欠佳。为了能把酒酿做好我又到江南很多地方去学习，和我们四川的酿造工艺相互印证结合，并运用了我们四川独有的纯植物酒曲发酵。

图2-2　独特的手工酿制工艺

　　铜陵位于北纬30度附近，长江中下游，这里水系发达，属于亚热带季风气候，四季分明，光照充足，降水丰富，温度与湿度非常适合农作物生长。这里生产的糯米颗粒饱满，甜度适宜，是制作米酒的上乘原材料。有了这个得天独厚的自然条件，再加上纯手工制作的复杂工艺，匠心产品油然而生。

　　夏小米酒酿要经过选米—清洗—浸泡—蒸米—降温—拌曲—发酵—酒酿高温灭菌—装瓶—二次灭菌10道工序才能完成（见图2-2）。而米酒的制作还要更复杂，在酒酿高温灭菌后压榨分离—高温灭菌—过滤—调酒—再灭菌—装瓶—三次灭菌。小米纯手工原浆制作的米酒，有三种产品，鲜酿、米酒和酒酿。酒酿是经过第一道工序产生的，在此基础上又分离出米酒和鲜酿，米酒的度数大约有12度，鲜酿只有2—3度。

家人的鼓励，让我不言放弃

　　创业的过程少不了挫折和磨难。起初小米在淘宝上发货时，米酒、酒酿都是分装在3斤或5斤的塑料桶里，酒和瓶口会留有一定的空隙。在运输的过程中，酒不停地摇晃，再加之温度较高，有些客人买回家后又没有及时放入冰箱保存，导致米酒会持续发酵，产生爆炸。这种情况引起客人强烈不满，纷纷要求退款或补货，一时间不仅损失严重，而且要在短时间内满足补货要求，小米也感到力不从心。为此，小米心灰意冷，要打退堂鼓。看到萎靡不振的小米，家里人给予了极大的鼓励和帮助，公公、婆婆承担起照顾小孩的全部义务，解除她的后顾之忧，先生工作之余全部时间用来帮加工米酒。小米眼圈泛红，动情地说，是家人的鼓励与支持，让她不言放弃。

　　一天，铜陵团市委书记到小米的企业调研，他问小米瓶装之后抽真空的问题是怎么解决的？小米非常惊讶，这位领导怎么一上来就问这么专业的问题？原来这位领导从前就是学习食品灭菌技术的。在这位领导的帮助下，小米外出学习灭菌和抽真空的技术，解决了之前出现的米酒、酒酿在运输过程中持续发酵的问题，她生产的鲜酿和酒酿分别在2015年年底和2017年6月通过了食品检验。

为了密封更好、更加美观，小米对包装也进行了多次改进，从5斤塑料桶、2斤塑料桶开始，到1斤磨砂长瓶，再到现在的玻璃瓶（米酒和鲜酿是牛奶瓶、酒酿是茶瓶）。经过两年的迭代，"夏小米"无论是生产、包装、运输都已日臻成熟。2017年"夏小米"已加入太平洋食品安全险，让顾客更放心，也让自己更安心。

谁会喝我的米酒？

产品定位不准，不仅不好卖，更体现不出产品应有的价值。起初，小米对产品销售定位毫无概念，认为只要是好东西，就一定有人喜欢，压根就没想过卖给谁。直到有一次她带着自己的产品外出学习，在听一位专家进行产品点评时，专家的一席话深深地触动了她。专家是一位50多岁的男老师，当时对她说，你的产品不错，我相信它的安全性、纯手工和你的匠心独运，但是，说实话我今后不知道什么时候才会再次想起买你的产品。为什么呢？这位老师又接着问道，你能告诉我你产品的消费人群是谁吗？此话一出，让小米感觉好不尴尬，红着脸不好意思回答。有了这次外出学习的经历，她开始琢磨消费对象的事儿。

铜陵是传统徽派建筑集中的地区之一。闲暇时，小米约上几个闺蜜，带上自酿的鲜酿、米酒，来到粉墙黛瓦、玲珑古朴的庭廊下，池塘旁小酌一番，在赏荷、观鱼、听蝉、酌酒之间，杯起杯落里述说着姐妹之间的喜乐与忧愁。有时人在困境的时候，是需要通过放松给自己解困的。小米在与姐妹们不断的品味中重新认识了自己的产品，找到了定位。对于三款不同的产品进行比较与细分，她认为鲜酿的度数低，最适合女孩子喝；米酒的度数略高一些，适合18—28岁的年轻人；酒酿的主要目标是产妇。

小米遇到了销售瓶颈

淘宝店经营初期，小米的销售还比较乐观。但是随着网上销售米酒的淘宝店不断增加，以及淘宝店销售成本的提高，特别是目前淘宝店运营成本已经占到销售额30%—40%的情况下，小米开始考虑新的营销模式。2016年年底，小米通过微信平台做了一次众筹，但是并没有达到预想的效果。

产品销售似乎走到了死胡同，她时常在焦虑、苦恼中自品佳酿寻求安慰。一天，她像往常一样，漫不经心地往烧开的酒酿中打入鸡蛋，看着打碎的蛋液在滚开的酒酿中晕开丝丝蛋花，这时，她的大脑也随着上下翻滚的酒酿开始活跃起来。她想，现在以微信为代表的移动端在线数据显示出快速传播、极速裂变的优势，就像这层层散开的蛋花，如果将这种方式用到产品销售中，会不会吸引很多人的逐渐加入，从而解决销售难题呢？为此，她在咨询了法律专家后，决定利用微信社交平台和线下广泛招募代理的制度进行产品营销。

"夏小米"的代理制度

"夏小米"的代理制度分为线上、线下两种模式。线上代理制度及流程如下：

第一，先在上级代理处以零售价购买189元以上产品，自己品尝后，并拍摄买家秀发到自己朋友圈后方可成为代理，成为代理后认真阅读《夏小米代理制度》全部内容。

第二，代理福利之代理价，只要成为夏小米代理，均享受统一代理价，每次下订单也只用给代理价。

第三，代理福利之奖金，每个月根据代理（包括你的下级代理）在公司的拿货总价，以月为单位，计算每月1号0：00到月底最后一天23：59的拿货总价，按相应比例提奖金。如：

每月拿货总金额（元）	奖金比例	折合人民币（元）
1000—2000	5%	50—100
2000—4000	6%	120—240
4000—6000	7%	280—420

6000—8000	8%	480—640
8000—10000	9%	720—900
10000—15000	10%	1000—1500

......

例如，你有甲、乙、丙、丁四个直属代理，本月每个人都拿了10000元的货，算上你本人共5个人，拿货总价为5万元，那么每个人的奖金分别是多少呢？公司按照10000×5×18%=9000元（说明：5万元对应的利润百分比是18%）。这9000元是你团队一起创造的，不能一个人独拿，甲乙丙丁每个人都拿了10000元的货，而10000元对应的比例是9%，10000×0.09=900元，则甲、乙、丙、丁每人提成900元，最终你还剩余5400元（即9000-900-900-900-900=5400元）。

第四，代理授权认证。新加入的代理把个人信息（姓名、电话、地址、微信号、支付宝账号）发给自己上级；然后关注微信公众号：夏小米；关注后再通过对话框把以上信息以及自己名字和上级的名字发给公众号留言处即可。

第五，下单流程。首先在上级代理处索要下单平台的店铺链接，然后点击即可在线下单付款。

在2017年6月底刚刚推出线上代理制度后，不过半个月的时间，代理人就从最初的两三个人，增加到十几个人，而且这个数量还在呈倍增趋势增加。

线下的销售，小米从产品的功效入手，和月子中心、月嫂、产妇等可能对产品有直接需求的人联系，这些人既是产品的受益人，更是产品的代言人，通过她们进行产品销售，可以实现精准定位。

*丝丝甜蜜，昭昭年华。*夏小米2016年荣获"铜都青年创业之星"；并被当地商务局评为铜陵市义安区2016年度电子商务10强企业；2017年当选第17届义安区人大代表。

故事点评

　　一个故事之所以百听不厌，是因为故事里有一个让人牵挂的主人公。产品就如同故事的主人公，只有让消费者割舍不下，才能成就一番事业。互联网经济给众多草根们提供了一次出人头地的创业机会。但是，面对纷繁复杂的消费市场，如何选对产品，无疑是摆在创业者面前的一道门槛。从小米的故事中，我们可以读出哪些创业密码呢？

　　一、选择自己能够把控的产品

　　小米将酒酿作为创业的选择，这个其貌不扬甚至有点土的产品，居然还得到了众多粉丝的喜欢，小米事业也随之有板有眼。小米在产品选择上，全凭女性的直觉，以及朴素的创业憧憬：自己亲自体验了酒酿催奶的效果，对产品有信心；有姑妈这样的民间高手在背后，小米对酿造工艺有十足的底气；铜陵山好水好，对品质有把握。夏小米的选择看似偶然，却隐含了一条创业成功法则，即做自己能力范围之内的事。心比天高的结局是命比纸薄，这山望着那山高的后果也一定是竹篮打水一场空。因此，面对创业道路上的诸多诱惑，学会选择是对每个草根创业者的第一场考验。

　　二、在持续的改进中作出选择

　　互联网讲究的是迭代，通俗地说，就是对产品进行持续性的改进。夏小米也在不断地改进中丰富"小而美"产品的故事。特：到各地取经，把江南的工艺和四川的做法相融合，形成了"小米"风格的独特工艺；美：一道工序接着一道工序反复试验，分离出原味、鲜酿和陈酿三款产品，在色度、温度、浓度等几个维度上展示手工酿制的美感；品：攻克灭菌和抽真空的技术，从包装、储藏、运输等多个环节把控产品质量。由此可以看出，选择产品不是一劳永逸的事，"小而美"是在持续的改进中打造出来的。

　　三、先学会分享才能学会选择

　　产品的选择是否成功，检验的标准是粉丝的覆盖面和忠诚度。夏小米在创业的历程中领悟到这个道理。"我是夏小米，生活因我而美丽"的经管理念，让人有一种分享的冲动。此外，为了找准忠实的分享者，她对三款产品进行了比较与细分，鲜酿的度数低，适合女孩子喝；米酒的度数略高一些，适合18—28岁的年轻人；酒酿的主要目标是产妇。为了扩大分享的覆盖面，引入了代理制度，让月子妈妈们在分享产品故事的同时，分享事业成功的喜悦。因此，在口碑相传的世界里，粉丝的选择永远比你的选择更有分量。创业者只有领悟到分享的真谛，才能真正描绘出"小而美"的传奇故事。

第三章 产品细分：新视角讲新故事

——最贵土豆诞生记

- 两个100米的冲刺：称斤论两的土豆卖出了最贵的价格
- 原土原豆封存：让城里人在家里就可以体验土地收获的喜悦
- 社区支持农业：精准营销保证用户使用频次和黏性

土豆，农产品中的大路货，被"称斤论两"地售卖，就是这样售价2元左右/公斤的普通土豆，当他们遇到电商，一切都变得不一样。我们要说的这个土豆的名字叫"润土·一个土豆"，是TED·乐农2015年为中国杂粮之乡张家口康保县打造的农产品品牌系列产品之一，成立之初的4个月内，销售额达354万元；上线五天，成交1300盒逾1.3吨，相当于往年售卖63吨的土豆收入（见图3-1）。"润土·一个土豆"见证了中国最贵土豆的诞生。

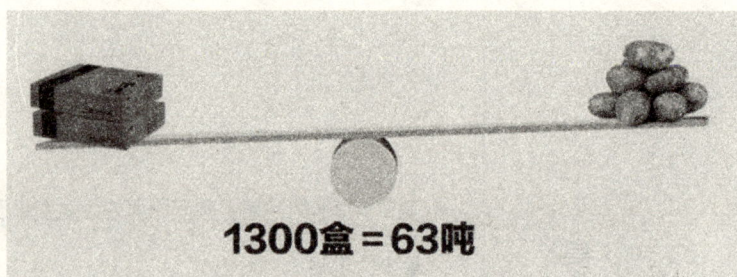

图3-1　1300盒逾1.3吨的土豆相当于售卖63吨的收入

两个100米的冲刺：称斤论两的土豆卖出了最贵的价格

康保，地处北纬42°全球黄金风景线上，是距离北京最近的高原，平均海拔1450米，年日照时间3100小时，114天无霜期，15℃日温差，得益于上天恩赐、大地恩泽，盛产蔬菜、牛羊肉、土豆、口蘑、亚麻油、杂粮等农产品，有着得天独厚的优势。然而，这样一个物产丰富的地区，农产品却卖不上好价钱，是地地道道的国家级贫困县。

2015年，康保遇到了宜居中国公司，共同组建了TED·乐农，从此，土豆开始了神奇般的历程。宜居中国是专业的房地产销售运营企业，通过多年房地产领域的积累，形成了直达北上广深等40多个城市的社区网状资源。凭借得天独厚的城市居民社区渠道，乐农公司展开了田头生产最前端的100米与城市居民消费最后的100米的冲刺。

TED·乐农的业务起点是从县域产品品牌挖掘开始的。大地恩泽，星空为证——"润土"品牌从对星空下这片土地的情怀中油然而生（见图3-2），乐农团队将润土品质提炼为"虔诚之心·精炼之法·淳甘之味"。

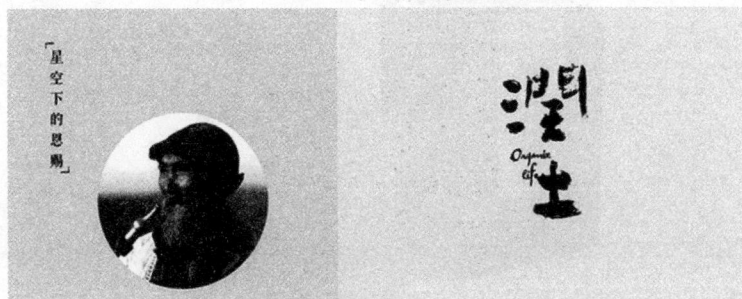

图3-2 "润土"让城里人体验到星空下丰收的喜悦

康保特色农产品以"润土"为品牌，通过统一包装、统一形象，进行统一推广、统一物流配送、统一服务，打造个性鲜明又富含文化的产品。"润土"品牌归属于政府，作为区域公用品牌出现，政府授权监督，采取企业市场运营的模式。

康保和TED·乐农一拍即合，"土豆"的故事开始了。

原土原豆封存：让城里人在家里就可以体验土地收获的喜悦

北京三里屯某高层住宅里，一位年轻的妈妈正在打开刚刚收到的快递，一个六七岁的小女孩立刻凑到她的身旁，蹲下身来目不转睛地盯着快递箱，当箱子打开的一刻，小女孩探身看过去，指着箱子兴奋地说："妈妈，妈妈，你看，我知道它为什么叫土豆啦，原来它是在土底下长大的，还有一把小铲子，我要把它挖出来。"（见图3-3）妈妈听了女孩的话，微笑着赞许女孩："佳佳观察得真仔细！"一箱土豆，在孩子眼里竟变得如此神奇，在收到产品的同时，更收到了一份来自大地的喜悦。

图3-3　原土原豆封存，还有小铲子

　　乐农团队对农特产品的消费群体和消费行为进行了细致的分析，在解读"消费人群的构成、产品成交量的分布、上架时间、店铺经营情况"等信息的基础上，对一系列康保产品进行了深度挖掘，土豆成为首选。康保土豆产自高原黑砂土，属于加拿大夏波蒂品种，拥有绵软口感和高营养价值等优势，最能代表"润土"的品质，且具有网络销售产品的特质。

　　TED·乐农抓住忙碌的现代都市人向往亲近自然，回归本真的心理需求，打破人们对土豆的常规认知，将原生态的挖土豆过程移植到商品包装中。包装盒内的每一颗土豆都是经过人工精选，盒内配有铲子，土豆食用调料以及产品说明书，为了保证消费者在食用土豆时达到最大的愉悦感，说明书上还展示了夏波蒂土豆如何烹饪更加美味的手绘菜谱（见图3-4）。原土原豆封存，保持最原始的味道让消费者在家里就可以亲触自然，体验星空下收获的喜悦，找回小时候的味道。新型的包装形式，也考虑到给原生家庭创造一种亲子互动的温馨模式，这一做法也在之后的"润土·一个土豆"的售卖现场得到了印证，很多年轻父母便是考虑到了这一点进行购买。细节之处充满人文情怀，使产品娱乐化、社交化与体验化，从而倍增了农产品单纯的食用价值。

图3-4 夏波蒂手绘菜谱烹饪更加美味的土豆

消费者的安全与满意才是产品畅销不衰的根本。为保证产品质量，TED·乐农发起成立了康保润土合作社，与加入合作社的企业、农户签订协议，首年度的所有销售利润全部归属于企业与农户，并保证实时到账、实时结款，不拖欠、无账期，有效地调动了企业与农户的积极性，保证了稳定的高品质货源。同时，在产社结合中，除了企业原有的相关认证外，还针对合作社企业提供有机认证、绿标认证、农科院科研合作等服务，引入新华网的溯源追溯体系，一品一码，消费者可通过手机扫描，实现品质追踪与溯源。

社区支持农业：精准营销保证用户使用频次和黏性

最先100米的产品完成了整合，最后的100米怎么解决？关键是要实现与母公司原有资源的连接，让产品真正实现增值。

2015年6月，上海徐汇区高安路某社区内，浓密的梧桐树下，争相攒动的人群，热闹嘈杂的声音，情绪高涨的场面，已经远远盖过了艳阳高照，不知情的人也赶忙过来凑热闹，看过方知是乐农的"实惠"APP正在开展"你缴物业费，我送你实惠"社区营销推广活动。自此，这项活动全面拉开，年底前拓展至全国3000个社区，其中北京300个，上海500个，从中搭建产品与精准用户的直接沟通，使其在领取商家福利的同时，获得最直观的产品体验，增强住户主动参与度，运用二次营销机制，为商家创造更多的销售机会（见图3-5）。

图3-5 社区支持农业，抢占互联网"最后100米"

TED·乐农母公司的"实惠"APP拥有精准渠道营销模式，很好地避免了层层经销商及各种费用的盘剥。TED·乐农制定了以社区支持农业为核心，多渠道并行的发展战略。针对产品的不同定价，选取城市端不同房价的社区作为终端消费场所，做到精准化消费渠道建立，在进入社区线上服务平台的同时，也在运营层面上，深刻洞悉现代城市人群的消费心理，推出多种有奖互动模式，保证用户使用频次和黏性。最为典型的便是，"润土·一个土豆"和润土年货大礼包与房地产联动，在精准锁定目标客户之后，"润土·一个土豆"通过对产品的研发设计形成新玩法，与多家地产商达成合作，为房地产商提供了"实用""纯天然"的新年贺岁礼、业主回馈礼、购房伴手礼等。

TED·乐农依托专业的互联网营销团队，通过各种游戏娱乐互动的方式，让原本平淡的农产品能够承载城里人的文化情怀，表达出独特的精神内涵。TED·乐农在每一个社区，不定期地开展康保原产地体验活动，让消费者近距离地品味康保，同时在社区终端进行康保旅游与原产地体验的旅行团招募，形成双向回流，带动康保旅游的发展。

在TED·乐农的平台上，精准的客户群被源源不断地导入进来，粉丝效应与品牌效应同步扩散，农民兄弟不但拥有了属于自己的农产品品牌，也一起分享到了互联网经济的时代红利。

故事点评

讲故事时可能会出现极富禅意的现象：少年看山是山，看水是水；中年看山不是山，看水亦非水；老年看山还是山，看水仍是水。同样的山、同样的水，年龄不同、阅历不同、诉求不同，看事物的角度也不同，对故事的理解就会产生差异。土豆，大宗产品中的大路货，绝无可能卖一个好价钱。但是，"润土"充分运用了读者的视角差，成功地讲了一个"此土豆非彼土豆"的故事，将土豆卖出最贵的价格。因此，把握新媒体营销的运作规律，在消费细分中挖掘产品的价值，在用户中产生不一样的体验"润土"给了我们以下很好的启示。

一、诉求细分：将大路货做成"小而美"

按照供求关系分析，供给充分的商品价格趋于平淡。从产品本身的功能性属性看，土豆是典型的大宗产品，绝无可能卖出一个好价钱。"润土"在起步阶段，清醒地认识到了这个问题。于是，他们将目光聚焦在产品背后的消费痛点，挖掘隐藏在长尾诉求中的碎片化需求，赋予产品新的属性，进而制造出消费领域中的稀缺感。"润土"抓住忙碌的现代都市人向往亲近自然，回归本真的心理需求，打破人们对土豆的常规认知，将原生态的挖土豆过程移植到商品包装中，原土原豆封存。此时，对产品功能性的诉求被淡化了，土豆成为都市人渴望与自然亲近的载体。

二、消费细分：基于用户体验构建消费场景

不仅对产品本身的消费诉求进行细分，对消费过程的每个环节都精心设计。如何营造一种场景，让消费者真切体验到"星空下的土地收获的喜悦"？将原生态的挖土豆过程移植到商品包装中，包装盒内配有铲土的铲子、土豆食用调料以及产品说明书，为了保证消费者在食用土豆时获得最大的愉悦感，说明书上还展示了如何烹饪更加美味的手绘菜谱。这些细节不仅充满人文情怀，更是体现用心。

三、用户细分：社区支持农业保证用户的黏度

常言道：萝卜白菜各有所爱，因此，发现"小而美"的用户群至关重要。借助宜居中国房地产销售形成的都市社区网络，"润土"发起的"你缴物业费，我送你实惠"的推广活动，搭建产品与用户的直接沟通的场景——产品与品牌深入社区推广，精准地锁定了用户。

忠诚的"粉丝"拥趸，是"小而美"赖以生存的土壤。"润土"通过各种游戏娱乐互动的方式，让农产品的品牌拟人化地活起来，让原本平淡的农产品能够承载城里人的文化情怀，表达出独特的精神内涵，形成粉丝社群；在每一个社区，不定期地开展康保原产地体验活动，让消费者近距离地品味康保；"实用""纯天然"的新年贺岁礼、业主回馈礼、购房伴手礼等，进一步提升了业主的黏度。

四、利基细分：碎片化市场向利基市场转化

"润土"沿着"小而美"的思路，找到自己的利基市场。由此，我们可以归纳出 打造"小而美"的五大原则：（1）狭小的产品属性，宽广的地域市场；（2）具有持续发展的潜力；（3）越是聚焦碎片化需求，产品的差异化大；（4）具备的能力和资源与这个市场提供的优质产品或服务相配；（5）行业没有统治者。

第四章 价值提升：塑造有性格的故事主角

——『土布』族群里的『奢侈品』

- 传承与创新：用技艺重构产品形态

- 匠人与匠心：用品质凝练良心"品牌"

- 延伸和融合：独一无二的产品体系提升品牌价值

京东商城奢侈品频道，"原村"土布占据一席之地。别具一格的文化定位、绚丽的色彩、复杂的工序、极致的品质以及复古的时尚，格外引人注目。很难想象，这个纯手工工艺生产的土布，拥有比肩顶级品牌商品的市场价格，2016年网络销售额超过了800万元，销售范围覆盖了大半个中国。

传承与创新：用技艺重构产品形态

崔雪琴，"原村"品牌的创始人，一眼看去，就知道是一位风风火火、干事麻利的女强人。崔雪琴的母亲秦喜年近80，喜欢念叨过去的那些事，特别爱讲自己的养母、也就是崔雪琴的姥姥王红玉的故事。赞皇县位于太行山东麓，织布的历史悠久。原村人把心灵手巧的织布女人称为织娘，王红玉就是十里八村远近闻名的织娘。抗日战争期间，姥姥和赞皇妇女一道纺棉线、织粗布、做军鞋、缝军衣，巾帼不让须眉，赢得了"冀西十三县，赞皇是模范"的美誉。母亲12岁开始跟随姥姥织棉布，也成了当地的织布能手。几十年来，为了不使传统工艺失传，母亲一直坚持用传统的方式，纺棉花、染棉线、织棉布、缝棉衣。当时崔雪琴经商遇挫，母亲总是鼓动她一起纺棉织布。

看惯了母亲纺线的身影，听惯了"咣当咣当"的织布声，穿惯了手缝的粗布衣衫，眼瞅着母亲一天天老去的身影……崔雪琴的眼角湿润了，这是一份难以割舍的情结，更是一份无法推卸的责任。土布无污染、透气性好、吸汗、冬暖夏凉，这些特质符合现代人绿色生态环保的理念。崔雪琴暗下决心，要做就做真正的土布。2007年，崔雪琴注册成立了赞皇县第一家专业合作社——原村土布合作社，成立了赞皇县雪琴棉产品开发有限公司。

单纯地传承，是缺乏生命力的。原村土布合作社一方面以旧纺车、织布机作为蓝本，精耕核心部件，聘请能工巧匠模仿复制；另一方面，加快改良生产设备，以适应现代制衣要求。如为了确定合适的布匹生产幅度，她们将老织布机仅有35厘米的宽度增至50—52厘米。

引进新疆彩棉棉种，免费提供给农民试种，引导农民成功种植彩棉3000

余亩，黄色、粉色、蓝色的原生彩棉，极大地拓宽了土布天然原料的来源；恢复并改良了传统的葡萄、黄土等天然染色技术，从色素含量丰富植物的树叶和树皮中、从黄土中提取色素来进行染色，以保持产品的自然本色；根据年轻顾客的消费习惯，在服装设计和加工上，进行粗布细做，加入时尚元素，实现古老传统工艺与时代消费理念有机结合（见图4-1）。

经过不断的尝试和努力，原村土布已经可以利用22种基础色，变换出数十种绚丽的图案，形成近千款产品。

图4-1　粗布细做，古老传统工艺与时代消费理念有机结合

匠人与匠心：用品质凝练良心"品牌"

小芳是土生土长的原村妹子，刚开始织布的经历让她记忆犹新，时不常地出现断线、绞线、织松、织偏等问题，要知道一个环节出问题一匹布就报废了。几个月下来，浪费了4匹布，加上人工等成本，少说要花费5000元，这些学徒费用全部由合作社买单。现在，小芳经过反复练习，已然是技术娴熟的织娘了。

土布的工艺，从采棉纺线到上机织布需要经过轧花、弹花、纺线、打线、浆染、织布等大大小小72道工序。900多根经线穿过杼眼，每经一机都需要织布工人来回走8里路，采用近百米深的矿泉水进行缩水，浸泡48小时经两个阶段反复敲打后自然阴干……一个成熟的纺织工人每天最多织布12米。

合作社拥有1个总厂8个基地，350台织布机，1000台纺车，职工200余人，生产成员涵盖了6乡17村1300户农民，从业者有80多岁的老技师，有新培养的年轻织娘，有的利用农闲在炕头纺花织布，有的在加工厂上班做活（见图4-2）。

图4-2　原村老粗布生产车间一角

面临如此复杂的工艺和灵活的作业方式，如何将分散的农户组织起来？如何确保产品工期和品质？标准化是品牌统一的基础。为此，她们制定了一套自己的土布纺织的企业标准，覆盖了纺线、浆线、织布三大工序的72个细节。为有效控制原料质量，建立了彩棉种植基地，由合作社统一提供棉种和技术，棉农出地出力，从种子选购到棉花采摘交货，均实行标准化管理。合作社指导监督农民的选种、播种、施肥、灌溉，确保原料来源质量可控。为了使棉线粗细均匀，她们不仅研制了钢木混合结构的纺车，还特意高薪聘请师傅打制专门的锭子，整个生产实行了经线统一配备。组织技术人员研究新纺织技术，成功克服了老粗布笨、厚、硬的弊端。

原村土布专业合作社生产的每一件成品上都有一个独特的产品追溯标牌，上面印有生产者的姓名、年龄、织机号等信息，既起到监督管理的作用，又能让社员小有成就感。合作社还配备了专职的"验布"技术人员，按照布匹分级要求，逐米细致地检查上交的布匹。

在原村土布专业合作社的积极参与和推动下，2016年，河北省《手工土布面料》（DB13T 2249-2015）地方标准颁布实施，填补了国内土布行业标准的空白，从而确立了原村土布的行业引领地位。

延伸和融合：独一无二的产品体系提升品牌价值

早在2006年，崔雪琴就参与设计并注册了"原村"商标，经过十余年的打磨，"原村"这块璞玉，呈现出了独特的品牌效应。"原村"获得了"河北省著名产品""中国最具影响力的合作社产品品牌"，2013年成为"河北省非物质文化遗产"。

为了把品牌优势转为市场胜势，实现"原村"土布从"稀缺礼品"向"高端商品"的转变，原村土布专业合作社逐步加大了线上线下相结合的全国销售网络布局。线上进驻京东商城奢侈品平台，与淘宝、融e购、慧聪等电商平台签署合作协议，自建网上交易平台；线下尝试开展高档专卖店和高档定制，加快研发"原村生活"系列产品，推出"太行原村"农产品品牌。

独一无二是市场立命之本。为此，"原村"服装设计团队邀请"中国禅画第一人"妙禅法师，共同开发禅文化服饰，借助大师的描绘、设计师的裁剪和造型以及织娘们的手工缝制，土布的原织原纹融入诗情画意。2016年年初，原村土布合作社发起了"唤醒"主题的文化艺术展示会，召开了原村土布艺术文化未来发展交流讨论会，邀请了北京艺术家为"原村文化"把脉。原生土布艺术展示走秀会，推出50余套原创春季土布服装，向外界展示了传统工艺与当代水墨艺术结合的文化之美。

在原村的产品展示大厅里，花色纹路新颖的床品、时尚柔软的衬衣和睡衣、精致玲珑的旗袍、实用的围巾及背包，还有婴幼儿专用的抱被、虎头鞋、枕头等，散发着土布传统的美感和现代韵律的动感。六大系列300多个品种，不仅进驻多家专卖店，还是国内顶级品牌布料的提供商。

流火的七月，河北赞皇的原村土布合作社生产总厂，刚刚送走了"一带一路"26国的考察团。八月中旬，意大利奢侈品品牌阿玛尼（Amani）首席设计师又来洽谈合作，"原村"土布与法国、德国、比利时等欧洲国家早有业务往来。浓郁的乡土气息与现代时尚潮流有机融合，遵循了奢侈品所追求的"精致手工制作"和"优雅生活情趣"的品牌内涵，"原村"土布已经成为国际品牌的宠儿（见图4-3）。

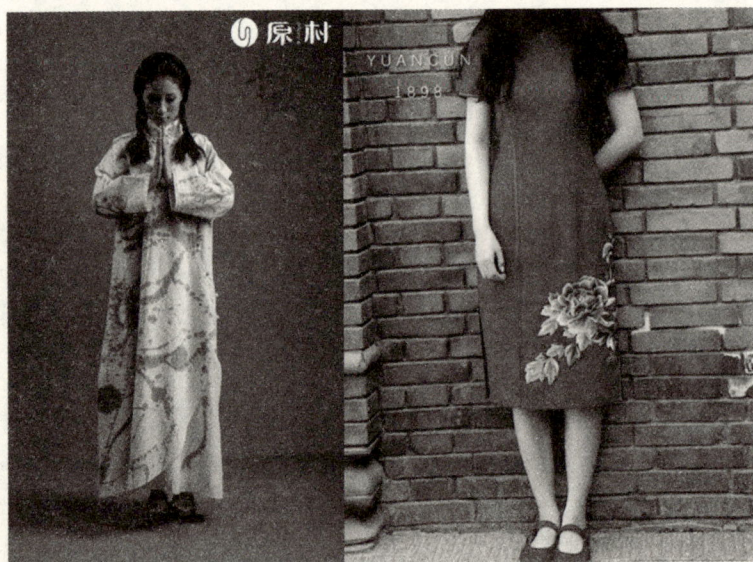

图4-3　精致手工制作彰显优雅生活情趣

故事点评

人物塑造要有血有肉，性格鲜明的故事主人公最能打动读者。同理，小众市场之所以青睐"小而美"产品，是因为大多数人难以抗拒产品的独特性格。农产品的性格塑造涉及面很广，地域、文化底蕴、自然、生态、绿色、时尚等都可能成为故事价值的挖掘点。在这个故事中我们看到，凭借着原村"三代"匠人的不懈传承，将"粗布做细"，从品德、品质、品类、品位等四维度诠释了产品性格塑造与价值提升的核心要旨。

一、品德：文化传承与价值坚守

原村土布的生命力极强，不仅因为透气性好、吸汗、冬暖夏凉，更是几代人的一梭一线的编织，让老粗布传承下来。但是，当消费变革的大潮扑面而来时，当看惯每天都有老物件被荡涤无痕时，我们还能心静如水吗？原村的接班人给出的回答是——坚守。自诞生之日起，一如既往地按照72道工序，坚持纯棉手工制作；为了坚守"原汁原味"，引进新疆彩棉，引导当地村民建立了3000亩的种植基地；为坚守彩棉的天然特性，她们专施农家肥，严控原材料质量；花大力气优化传统天然染色技术，只为坚守住产品的自然美。坚守是一种宝贵的品德，正如崔雪琴所说："纯粹的商人是做不出真正的土布的。"十余年间，面对无数次的市场诱惑，靠着这份坚守，赞皇人始终没有贪大求快，没有妥协让步。

二、品质：原汁原味与价值挖潜

有一句老话：是金子总会发光的。把这句话作为激励人生的"心灵鸡汤"，可以一听而过。但是，如果没有抛光、打磨、冲洗的历练，金子是不会自己发光的。如何既保持老粗布的原汁原味，又能在市场的洗礼中绽放异彩，的确是产品故事中不好摆布的章节。在原汁原味与价值挖掘的平衡木上，赞皇人练就了独到的功夫：在工艺上，保留了历史传承下来的纺线、浆线、织布的三大工序，通过流程改进和标准制定，严格组织生产和验收产品，造就了独有的原村品质；在管理上，呈现出"生产灵活，管理严格"的格局，特别是合作社生产的每一件成品上都有一个独特的标牌，上面印有生产者的姓名、年龄、织机号等信息，在充分尊重小农分散生产的现实习惯基础上，将品控管理与产品追溯体系有机融合在一起，形成了生产责任落实与员工激励的有效联动。

三、品类：粗布细做与价值开发

坚守不等于故步自封，坚守者的自信源自他们知道，什么可以有所为、什么必须有所不为。原村人紧紧围绕着手工制作这条底线，展开了一场粗布细做的价值开发革命，从单纯的土布供应商发展至床上用品、服装、手工艺品、儿童用品和车饰等六大系列300多个品种，原村人讲出了产品故事的连续剧。多年来，原村土布的品类越来越丰富了，市场的扩散面越来越大了，但始终没有弥散的是，手工制作——产品的文化传承之魂。

四、品位：尊重传统与价值提升

尊重传统但不拘泥于传统，还体现在原村人的创造力和文化品位。在原有手工老粗布的基础上，引入了时尚元素，将禅画与传统工艺有机结合，尽现古朴之美，彰显禅意国韵。作为一个文化的载体，原村土布已经超越一般商品的范畴，成为一件件受人欢迎的文创产品，让现代人在消费文化回归的同时，慢慢体验到了生活的艺术之美。

第五章 市场定位：厘清故事的忠实读者

——『冉土司』和他的『祖崖金弹』

- 一次偶然的发现，完成了一场由玩家到练家的轮回

- 小蛋红茶：好茶，造就"茶癫子"

- 在传统与现代之间寻求市场的切换点

- 讲一个城市白领女性的专属故事

冉启航的祖上为土司，朋友们因此喜欢称他为"冉土司"。他历时十年余，将重庆黔江武陵山高山绿茶、云南凤庆大叶茶、福建武夷山拉普山种老树茶等四种不同茶叶糅在一起，手工制作的私家茶——"祖崖金弹"红茶，在众多的茶叶品牌中脱颖而出。2017年6月，被评为"武陵山十大名茶"。

一次偶然的发现，完成了一场由玩家到练家的轮回

重庆市黔江区武陵山历史上就是茶叶的主产区。陆羽《茶经》引《坤元录》："辰州溆浦县西北三百五十里无射山。云蛮俗当吉庆之时，亲族集会歌舞于山上。山多茶树。" 土家族生性豪放，崇尚森林之王老虎，并以白虎为土家族的图腾。相传武陵山的虎常踞于古茶树之下，因此，土家族视古茶树为宝。

盛夏的午后，在自家的露台上，摆上几壶老茶，满眼望去，清灵透彻的阿蓬江水绕着翠绿的红豆杉，静静地流淌着，"冉土司"有一种说不出的安逸。最让"冉土司"兴奋的是有朋友自远方来，泡上一壶珍藏多年的上品，一边耍纸牌，一边"炫耀"这茶的来历和故事。"冉土司"爱茶也玩茶，但如果要问"冉土司"究竟懂得多少茶道，答案未必尽如人意。

如果不是一次偶然的发现，"冉土司"的玩茶生活就像家门口的阿蓬江之水，静静地流过。但是，某一天，"冉土司"在重修家谱时发现了天大的秘密。从宋建炎三年（1129年）开始，家谱中就有了祖崖茶的记载。冉氏家族作为土司统武陵山地区606年，其间"腾据武陵、采制家茶、临崖祭祖"，冉家红茶遂以"祖崖小蛋红茶"为名进贡。1735年清改土归流后，"冉土司"家谱中再无此红茶的文字记载，制茶工艺失传。看到这里，"冉土司"坐不住了，他开始琢磨，历史的烟尘早已散去，但于冥冥之中，冉家与茶的缘分却始终未断。在家族的命运跌宕中，重振祖崖传统红茶的使命落在了作为冉氏后人的冉启航身上。

至此，"冉土司"开始了十年有余的探茶之路。

小蛋红茶：好茶，造就"茶癫子"

小蛋红茶已失传280余年，它究竟长什么样？带着这个困惑，"冉土司"遍访全国冉氏制茶族亲，详细了解了小蛋红茶的历史。

南宋时，祖崖小蛋红茶与烟熏腊肉、夯窝糍粑并称为土家"三宝"，是当年冉家军出兵时的必备物品。

宋、元时期，冉家祭祖定选在丛林高崖之巅，为便于携带，往往舍其他而带小蛋红茶、腊肉、糍粑、水果、土酒，习俗至今仍然保留。

为表示对宋帝的忠诚，每年武陵山春茶采制后，冉土司便会使差往南京应天府进献，小蛋红茶的形、意、味深受宋帝及朝臣喜爱，定为贡茶并延续至清。

冉土司所辖武陵山区的其他地方统领，每年春节都会到冉土司府（今重庆市黔江区阿蓬江镇"草圭堂"）聚会。其间，冉土司便会泡上小蛋红茶，象征团结、爱护。

产品的形态有了，下一步的重点就是找茶源。在接下来的两年里，冉启航跑遍了重庆、云南、贵州、福建、四川、湖北、湖南7个省（直辖市）和200多座茶山。一次，他听一位朋友说，武陵山灰千梁子有一棵千年古茶树，于是立刻徒步前往考察。历经13个小时的跋涉之后，他终于在茫茫原始森林中找到了这棵后来被他命名为"璞尘"的古茶树。尽管这棵1500多年的古茶树每年只能产出数十斤茶叶，但他还是毫不犹豫地重金包下整棵茶树。为此，他又收获了"茶癫子"的称号。

"生态、手工、独特、精致、方便"，"冉土司"为小蛋红茶定下了5个硬标准。在经历了数百次失败之后，失传280余年的冉家小蛋红茶，终于研制成功。此法制作的红茶不含任何添加，内含多种维生素，叶片及汤呈红黄色，泡前宛如朱雀金蛋，泡后状如佛坐莲花。杯中金弹透着蜜香甜醇，喉韵回甘味长。

在传统与现代之间寻求市场的切换点

祖传的红茶终于重现天日，"冉土司"将这款红茶命名为"祖崖金弹"。接下来，棘手的问题来了：如何让"祖崖金弹"走出大山，被更多的爱茶人士接受和喜爱？"冉土司"认为这不是难事，找到北京的好友，希望借助成熟的电商平台，将"祖崖金弹"在大城市中迅速扩散开来。思路看起来不错，但几个月下来，业绩十分清淡。

豪情万丈却落魄而归，事业的风帆又回到了原点，"冉土司"的茶痴人生受到不小的打击。"冉土司"一度闭门谢客，在自家的露台上整整反思了半个多月。

失利原因之一：国内市场以绿茶为主，红茶为辅。"祖崖金弹"红茶的市场受众面窄。此外，除了外形独特，与其他红茶没有明显区别。

失利原因之二："祖崖金弹"传承的历史和文化看不见摸不到，缺乏一个故事载体展现出来。

失利原因之三：急于求成，不分年龄性别，眉毛胡子一把抓。

失利原因之四：过分突出红茶的功效，生津止渴、美容润肤、活化血管、预防"三高"……在宣传上有包医百病的嫌疑。

失利原因之五：采用的黑色陶罐包装，虽有历史的厚重感，但与现代城市快节奏的生活不太合拍。

主题不突出、定位不清晰、聚焦不集中、故事不生动，这一切是导致传统与现代在市场切换中发生短路的症结所在。"冉土司"茅塞顿开，马上组织专业人士开展脑力激荡，经过一番调研、论证和策划，最终将"祖崖金弹"的市场焦点定在了城市写字楼的白领女性身上。

外表光鲜，内心疲惫，已经成为城市白领女性的真实写照。站在上下班汹涌的人潮中，"冉土司"读到萦绕在白领们心头的那份沉甸甸的压力：快节奏的工作、作息、饮食习惯，以及烦琐的人际应酬，导致办公室综合征的滋生，直接影响到工作效率，威胁到身体健康。对于摇摆在家庭和工作不同角色中的都市女性来说，她们更是无时无刻不与来自各方的压力抗争。"祖崖金弹"流淌着的恬静、回甘、洒脱、不争的基因，不正是职场白领希望找回的属于自己的那片碧海蓝天吗？

讲一个城市白领女性的专属故事

"冉土司"以一个匠人的精神，将重庆人对待生活的安逸洒脱、土司文化的乐善好施与"祖崖金弹"的恬静回甘，像手工制茶一样揉搓在一起，再用诗情画意的手法向城市白领女性展现一幅全新的生活方式：

看惯职场倾轧，看惯众生百态，独酌一杯"祖崖金弹"红茶，在宛如佛坐莲花的茶蕾绽放中，感受一份历史、一份宁静、一份清欢，简单而自然地远离那些荒谬和扭曲，在喧嚣浊流中，持一颗水晶心，将盛开与凋零，都看作人生的一场缘来缘往，都视为午后的一窗云淡风轻……

"冉土司"很满足地说：这样的心境就是品鉴好茶带来的感悟，也是我做人做茶的追求。

让生活轻快起来，让"祖崖金弹"红茶的包装轻快起来。2014年年初，在一次关爱藏民弱势群体的公益活动中，"冉土司"遇见了鲁绒活佛。在活佛皎然的眼中，茶是禅境与自然相配的灵物。在活佛焚香泡茶的过程中，"冉土司"看见圆柱香筒，突发灵感：若用圆柱形香筒装"祖崖金弹"红茶，不正好符合金弹红茶轻快便捷的包装要求和文化诉求吗？于是，茶的包装就这样定了下来：

每盒装茶筒三只，分别代表"天和、地和、人和"。

每只筒按佛教大数装茶11颗，每盒33颗以示吉利。

根据人与人之间交往的步骤，祖崖将三只茶筒分别冠名为"不言（不认识）、小坐（认识）和往来（相交）"。

外盒用黑、白色两种封面，意指人的一生需是非清楚、黑白分明。

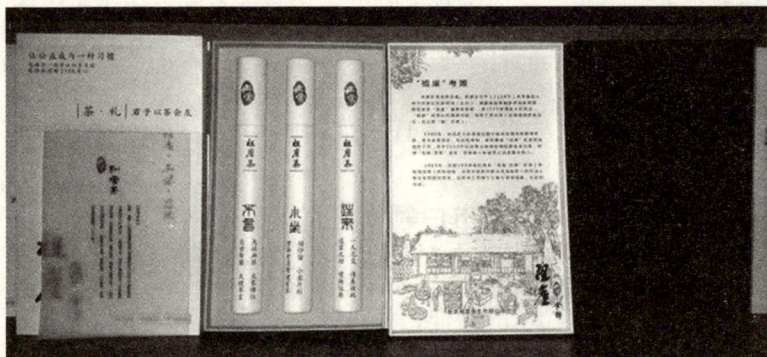

图5-1 产品的包装让传统与现代的生命轨迹开始重合

简单的形式、便于识别的色彩以及冉氏家族特有的符号，将盒内三只茶筒与思想、感情、个性联结在了一起。至此，传统与现代的生命轨迹开始重合了（见图5-1）。

再次整装出发，"祖崖金弹"红茶迅速打开了北京市场。在朋友圈中，金弹茶携带便捷、冲泡简单、状如菊花、口感上乘，都成为年轻人能够接受并自发传播的故事情节。

爱无痕，道至简。"祖崖金弹"的成功带动了家乡经济的发展。目前，祖崖茶业公司在黔江区阿蓬江镇和沙坝乡有3000余亩种植生产基地，350多个土地流转户中少数民族（土家族、苗族）占了约75%。祖崖茶业公司借助黔江区打造"旅游大区"政策，引导游客、茶客与基地里困难家庭和贫困人员结对子，组织帮助他们掌握种植、采摘、加工、销售、管理、服务等多个环节的技能，增加他们的收入。截至2016年年底，已经累计用工1万余人次，帮助36个困难家庭和157名贫困人员摆脱了贫困现状。

故事点评

楚国的伯牙是抚琴大师，常作高山流水之音，人莫能识其意。只有隐士子期听出了弦外之音并赞叹："美哉！巍巍乎若泰山，洋洋乎若江河"。伯牙幸遇知音，相约来年再会。但次年子期却已溘然长逝。伯牙悲恸道：世间再没有懂我琴音的人了。于是，碎琴绝弦，终身不复鼓琴。"祖崖金弹"红茶的故事告诉我们，在电商创业的世界里，找到听懂产品故事的知音，同样是让事业绽放光芒的重要前提。

一、创业必备：善抚琴更要善觅知音

"冉土司"玩茶到了痴迷的程度，被戏称为"茶癫子"。但是，从玩茶到做事业，绝非似行云流水般的过渡，还需经"善觅知音"的历练。许多创业者和"冉土司"一样，对自己的产品信心满满，甚至到了孤芳自赏的境地。可是一遇到市场的检验，往往因缺乏"铁粉"导致曲高和寡，经营惨淡。因此，要学会做一个善抚琴更善觅知音的创业者。

二、定力修炼：只鼓高山流水知音

一开始，"冉土司"将红茶的好处一股脑地抛向市场：生津止渴、美容润肤、活化血管、预防"三高"等。碰壁反思后，将茶定位为城市白领女性养性洗心的饮品，反而得到了市场的认可。因此，眉毛胡子一把抓是急于求成的表现，它与"小而美"的故事规则背道而驰，要保持市场的定力和耐心，专注讲好"高山流水知音"。

三、用户觅踪：在碎片化的市场中发现真正的知音

许多人有顾虑，将茶的知音限于城市白领女性，是不是受众面太窄了？他们担心小众市场难以支撑创业过程中的收支平衡。其实，"祖崖金弹"红茶的实例再次证明，草根创业的蓝海隐藏在碎片化的市场中，厘清、发现并黏住这些看似不成规模、实则能量巨大的消费群体，就会形成"美哉！巍巍乎若泰山，洋洋乎若江河"的创业态势。

第六章　情绪唤醒：撩拨读者的痛点

——达哥『老味道』拯救行动

- 阶段一：产品选择

  ——打磨"老味道"的故事载体

- 阶段二：市场启动

  ——让"老味道"的故事富有张力

- 阶段三：平台开放

  ——让"老味道"故事疯传起来

　　刘达，江湖人称"达哥"。在众多90后"小鲜肉"崭露头角的创业圈，刚过知天命之年、在农业这一行当已经摸爬滚打了6年之久的刘达，算得上是"老腊肉"一枚了（见图6-1）。

　　其实在做农业之前，达哥已经在媒体圈待了将近30年。他参与过20世纪90年代那场声势浩大的"中国质量万里行"，经营过十年之久的传媒公司，创办过每期发行量上百万册的杂志。但是，谁也没有想到，在传媒行业干得风生水起的达哥，2011年开始突然转行干起了农业。从大米的种植到销售，从做自己的电商平台到成立自己的老味道研究中心，达哥涉及的产业链很深。他把自己这几年的创业过程分成"三段论"，其中第一阶段解决的是产品问题，第二阶段需要实现市场的启动，第三阶段则是品牌生态的控制和开放。

图6-1　新农人达哥，电商创业里的"老腊肉"

阶段一：产品选择——打磨"老味道"的故事载体

　　达哥认为适合互联网营销的产品必须具备"三高"的品质：高品质、高频次、高利润。品质好、利润高不必多说，能够让最大多数消费者高频次地反复消费，也是非常重要的。特别是对于中小规模的跨界农业者来说，选产品是事业的"1"，有了这个"1"，后面添的"0"才有意义。这也是为什么达哥把大米作为电商平台爆款的重要原因。

几年来，达哥曾考虑过很多农产品，像哈密瓜、猕猴桃等水果类，还有面粉、鸡蛋等主副食类的产品，在品种和品质等方面也都有各自的优势，但最终还是被舍弃掉了，只选择了自己培育的大米品种——天丰121。一方面因为这一品种不仅独家，而且口味、品质优秀，性价比很高；另一方面，无论南方北方，大米都堪称人们的第一主食，消费频次最高。"面食还需要加工制作，米饭米粥一蒸一煮即可，对生活节奏飞快的城市人来说，大米最勾人！"除了大米这一主打产品之外，达哥还开发了玉米品种——天丰28，以及东北黏大米、黏黄米、黏高粱。选定了产品之后，接下来就要解决产品的来源问题。目前的互联网农产品创业者，有的采用买手制，派员工到全国各地搜集中意的产品，称这样可以省掉中间商的环节；有的则采用集团采购的模式，与农业企业建立长期合作关系。不过这两种方式本质上都是单纯的电商，只是扮演销售平台的角色，对供应链缺乏控制力。

达哥研究发现，世界顶级的食品公司，在决定农作物产品采购时，对质量的控制，都是从农户的种子、土壤和田间生产管理开始的，只有控制了过程，才有可能控制结果。达哥认为，一个新产品只有做到极致才能打开市场，而要把产品做到极致，就必须把控整个供应链，单纯电商平台模式肯定不行。

为了保证大米的口感和品质，他在"八山一水一分田"的辽宁清原一个叫夏家堡的地方，在靠近水源地的山根底下，包下干净的山泉水灌溉的连片田种植水稻。每年开春，雇当地老乡的拖拉机，把成麻袋的鸡粪送进地里，用铁锹扬到地里晾晒10天，然后才能深耕翻到地里。因为耕作在山根底下的上风向，而这个村子在下风向，所以在这10天里，整个村子里都是臭的。为了表达歉意，达哥将两头基地喂养的粮食猪，送给这里的老乡过年。

6年来，达哥坚持用良心做农业，埋头专注于做品种，坚持为客户提供最好的品质。所有的产品，每年都要经过国际著名检测机构——瑞士SGS对198项农残的安全检测。而SGS，正是台湾企业摆脱塑化剂风波影响、重塑消费者信心的首选检测机构。

阶段二：市场启动——让"老味道"的故事富有张力

跨界创业者往往需要在农业大环境里重塑自身的基因。到了第二阶段，他们则需要回归自己的老本行，发挥自己最擅长的核心竞争优势，打造自有品牌。

2013年年底，达哥深藏在媒体人内心中特有的基因被激活了。他发起"达哥拯救老味道"公益行动，呼吁更多的朋友加入这项事关子孙后代舌尖的事业。为此，达哥注册了"达哥拯救老味道"商标。每年的端午和中秋两个中国传统节日，达哥会用自己的粮食作为原料，制作出纯手工粽子和月饼，采用线上预订、线下提货的形式进行销售，获得很好的反响。

现在越来越多行业外的人开始涉足农业这一领域，但是像达哥这样一开始就将"老味道"作为自己产品概念的人则少之又少。

"达哥老味道"的核心创意就是"老味道"。为什么要做"老味道"这个概念？要说当今世界什么东西价值最高，有两样：一个是走在时间前面的，超越想象的；一个是走在时间后面的，越来越少的。前者如乔布斯的苹果，只能一股劲向前走，永远走在前面，一旦步伐慢了，价值就立刻衰减。所以，苹果要出手表、要造汽车。后者可以解释为何收藏热一直"高烧不退"，我们也可以称之为岁月的价值——老物件、老习俗、老口味都会超值。

选择做"老味道"，其实体现了达哥对产品价值挖掘的基本理念：第一，产品核心价值的外在体现，就在于对城乡之间痛点的准确把握；第二，产品概念的外延一定要大，否则就会把自己圈死；第三，这个概念必须具有社会文化价值，才能更为凸显它的高附加值。

达哥说："如果你的产品正好呼应以上痛点，产品的营销就有了基础。"那么，问题来了。城市的痛点是什么？是买不到更信任的东西。这种信任是基于产品本身。往往产量越大的东西，给人的信任感越低。规模化的生产和工业化的流程，造成农药和添加剂的不可控。而"老味道"产量往往不大，也可能不是现在市场上正流行的东西。一个"老"字代表了过去的工艺。大家对过去老的东西是信任的。

城市还有一个痛点，那就是现在城市里的人特别是大城市的人，对过去的回味情结。"老味道"带有一种怀旧情结，所以也解决了文化记忆的痛点。

乡村的痛点是什么？深山里的东西不同于大平原、大农业的规模化生产，往往是有历史的，有岁月积淀的。东北的黏大米、黏黄米、黏高粱等老味道粮食，为什么农民不种了？因为它产量极低。打个比方，有两个品种的大米，有产一千斤的，有产几百斤的，农民肯定就会去种那能产一千斤的品种，而放弃产量少的品种。久而久之，产量少的品种就会慢慢消失。而"老味道"的存在，恰好解决了城乡双方的痛点。这就是做"老味道"的一个基础。

除了解决以上两个痛点之外，还有一个重要的因素。一个产品在概念包装的时候，一定要有一个广阔的外延。有的时候一些产品就是由于外延不足，造成后继乏力。拿"老味道"这个概念来说，为什么没有在包装的时候选择"老谷仓""老米粒"，就是因为在包装这个概念的时候，想把它的外延定得足够大。外延大一点，它的概念和文化价值就会非常灵活。这是在产品价值挖掘上非常重要的一个点。

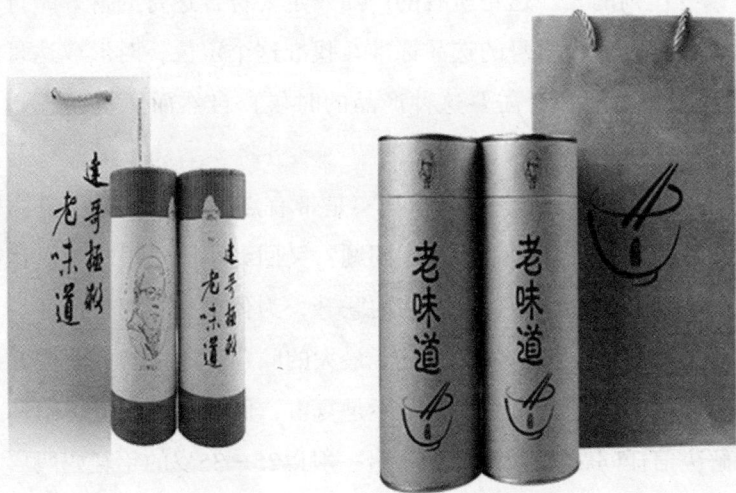

图6-2 "老味道"的故事极具张力

此外，这个概念还必须具有社会文化价值。这个概念的社会性是特别容易忽略的一点。"老味道"的社会性是什么？是一种新的生活方式。"老味道"不是返古，相反是一种新的生活时尚，契合了社会上人们希望回归田园、保护地球、绿色生活的愿望。所以它是具有社会性的一个概念。这也提示我们，在做产品包装的时候，一定要注意产品的社会性和社会价值。

阶段三：平台开放——让"老味道"故事疯传起来

当"达哥老味道"冠名为"达哥"的时候，代表的是一种鲜明的圈子文化。所有在这个圈子里的人，都是跟达哥有着类似价值观和生活方式的人。在信任基础上形成的这样一种文化的合力，最容易聚集人气。围绕在这个圈子周围，刘达酣畅地挥洒着媒体人的强项，将一个又一个故事讲出去，让冷冰冰的产品在故事的渲染下有了灵性、有了活力。在圈子文化的吸附下，刘达建立的垂直电商平台——哎呦味，注册用户从0发展到1万，仅用了46天。

什么样的产品才能上"哎呦味"？首先，一定要跟达哥的身份相符。达哥是什么人？他是一个四十多岁，有着丰富的生活阅历，仗义、豪放，向往田园生活并以身作则的人。达哥所有的产品一定要符合达哥的喜好，符合达哥的文化价值，符合达哥本身的选品标准。找准这个定位，对形成达哥的圈子是非常有利的。当消费者需要这种产品的时候，自然而然就会想到"哎呦味"。

那么，下一步商业模式是什么？其实是带有点回归性质的。电商模式最大的问题就是：信任。如何解决这个问题？又回到小圈子里来了。比如吃烤鸭去全聚德，买布去瑞蚨祥，买鞋去内联升，为什么呢？就是信任。当商业模式发展到最大化的时候，信任就成了最大的问题。所以当商业模式再升级，一定要解决信任问题。这个回归可不是复古，而是在购物可以给你方便的基础上，解决信任问题。"哎呦味"平台一般以25—35岁的年轻妈妈居多，"达哥老味道"对她的吸引力是什么？她想给自己的孩子可信任的产品。她信任的一定是可信任的人。而达哥恰恰是她信任的。

达哥每年拿出产品的60%送给自己的朋友和用户品尝，送出了15000箱、价值300万元的粮食产品，收获了非常好的口碑和用户体验。现在，"哎呦味"平台已经有5万多名代理商。除了自己的大米、玉米、黏字系列"老味道"等产品之外，他还进一步扩大品种种类，以"原产地"为标准筛选符合条件的供应商入驻平台。

达哥说："大米是我们的核心，但我们绝不能仅有大米。这么多的拥趸应该能够给我们更大的信心，做一个更广阔的生活平台，依靠互联网的力量，让更多的人在我们这里找到更优质的生活。"

为此，达哥总结了八个字：人心圈住，平台放开。平台的价值在于与消费者的互动，消费者的需求和评价将决定一个产品是否最终上线。平台放开的目的，不是试图寻找更多的SKU（Stock Keeping Unit，库存量单位）来试探消费者的反应，而是努力汇聚更多负责任的消费力量，建立新型流通体系，影响社会上更多的力量，支持农业生产者逐步转变生产方式。

达哥接下来正在做的事情就是：设立老味道研究中心，制定自己的老味道标准，凡是符合这个标准的"志同道合"的产品，都可以在"哎呦味"平台上销售。如此，产品—平台—标准—产品，恰好形成了一个完整的闭环体系。一个具象化的农业创业故事也在无形之中形成了。

故事点评

在共享经济下，情绪是能产生共鸣的。一篇好文章可以让人醍醐灌顶，一段好故事可以让人感同身受。在情绪的感召下，人们关注它、共享它。但是，在商业社会中，人们往往忽视情绪对消费的拉动作用，生硬刻板的叫卖、冰冷功利的交易，让本应富有鲜活生命力的商品黯然失色。

刘达是一个有"情怀"的人。大凡跨界做农业的人，或多或少都有一种对农业的情结，否则也不会选择这投资又多见效又慢的行当。但刘达的"情怀"显然跟别人并不完全一样。传媒人出身的他，做农业6年来，从在东北包地种大米做产品开始，到创立属于自己的电商平台，到现在成立自己的老味道研究中心，刘达其实始终在做同一件事：唤醒人们沉睡的情绪。

一、情绪痛点：老味道离我们越来越远

大米，骨子里透着的是"大众脸"，与"小而美"毫不沾边。虽然采取了"触电"经营，但前景可想而知。不过，作为传媒人出身的达哥别出心裁，选择了"老味道"作为切入点，一下子抓住了城里人的情感痛点：那是一种对童年时光的怀念，一种渐行渐远的惆怅，一种需要拯救的冲动。当这种情绪被高度唤醒时，人们会加速按下"共享"的键盘，传递给更多的人。这种共享并不是一时心血来潮，其中一定有某种看不见的力量，让人们情不自禁。

二、情绪唤醒：什么样的情感最能激发共享行为

"老味道"原本就躲在人们内心深处的某个角落，正如一首诗写道："你来还是不来，我都在那里。"但是，当"老味道"遇到了"拯救"时，一种从未有过的使命感、责任感和行动力油然而生。于是，在达哥的"哎呦味"平台上，瞬间便聚集了成千上万的"拯救者"，注册用户从0发展到1万，仅用了46天。

唤醒是被激活并准备随时待命的状态。这种唤醒功能对农产品电商营销十分重要，因为一旦人们的情绪被唤醒和激活，行为之火就会被点燃。

不过，并不是所有的情绪都能产生共享行为。国外研究有个结论：敬畏增进共享行为，而悲伤抑制共享行为（见下表）。因此，在互联网营销策划中，激活有效的情绪十分重要。

	高唤醒	低唤醒
积极情绪	敬畏、兴奋、幽默	满足
消极情绪	生气、担忧、愤怒	悲伤

三、唤醒行动：将拯救"老味道"行动进行到底

当情绪被唤醒后，持续的行动力也是必不可少的。聚焦"老味道"，达哥在"八山一水一分田"的辽宁清原一个叫夏家堡的地方，在靠近水源地的山根底下，包下干净的山泉水灌溉的连片田种植水稻；每年开春，雇当地老乡的拖拉机，把成麻袋的鸡粪送进地里，用铁锹扬到地里晾晒10天，然后才能深耕翻到地里；坚守6年做良心农业，埋头专注于做品种。在达哥看来，"拯救"事业只有在践行中才能产生感召力。

第七章　情节设计：营造身临其境的故事氛围

——古法手工打造『私人定制』特权

- 梦想无华：创业故事最好的开篇
- 古树奇峰：故事选材的主基调
- 古法制作：匠人精神造就新农人的事业情怀
- 筹资计划：点滴承诺触动听者最后的痛点

故事就从普洱茶的文化传承说起。高泽灿，勐海岩海古法茶厂的创办人，一个土生土长的云南人，2000年到北京工作，一直在一家互联网公司任职，2005年辞去了IT行业的中层职位，这源于他对勐海曼鲁乡的普洱茶有着痴迷般的热情与信赖。高泽灿心中一直有一个心结：家乡古树茶出产的普洱茶，是云南最好的茶，高泽灿向往它，热爱它，专职伺候它。

梦想无华：创业故事最好的开篇

2015年6月，高泽灿试着在众筹平台上讲述勐海岩海古法普洱茶传统手工艺的故事，希望以茶为媒，结识更多的爱茶人，推广更健康的品质生活，让养身养心成为广泛的生活方式。故事讲得非常成功，共筹项目款300000元，获得2241人次支持。

创业梦想是产品故事最具感染力的部分。家乡岩海古法手工艺制作出的普洱茶，契合古树茶本身具有的天然、醇厚、养生的特质，更重要的是它的背后是云南少数民族文化的传承。高泽灿内心深处流淌着对手工艺古法制作普洱茶的一往情深，伴着自己的梦想原汁原味地端到平台上："执着得深了，久了，就变成执念。从爱喝茶，到把普洱茶作为终身奋斗的事业，这一路，我仰仗着就是这一缕执念！执着于普洱茶料的纯粹，执着于从采叶、制作毛料、压饼到包装的完整。"梦想朴实无华，但无形中拉近了粉丝群与他的距离。

古树奇峰：故事选材的主基调

高泽灿下了一番功夫讲述茶园选址的故事，因为这是梦想放飞的起点。高泽灿以叙事的手法将听者带入了一个远古空灵的人间仙境。普洱茶园就在勐海，它位于云南省西南部、西双版纳傣族自治州西部。这是一片过去一千多年没有经历过战争的真正的"世外桃源"。奔腾的澜沧江和巍峨的南糯山，阻断了勐海与东部地区的交通，偏安一隅的傣族人在勐海这个地方一枝独大，拥有这个地区的管理权，过去这里的山川、河流、树木、田地都归傣族人所有，他们一千年前就很重视生态保护，在山上不让开荒种田，而是把它开辟成与周围树木和谐共生的古茶园。岩海古法茶厂坐落于勐海镇曼鲁村，一个傣族人聚居村落。

以布朗山乡为例，全乡有国土面积一千平方公里，总人口只有一万六千多人。茶园曼鲁村是老班章茶山的核心地带，常年平均气温21摄氏度，年降水量1500毫米以上，气候温和，四季如春，茶树生长于红色土壤，天然有机物质及氮、磷、钾矿物质营养元素含量极其丰富。茶厂员工绝大多数是当地傣族茶农，制茶工艺全部采用手工，原料要经过手工挑拣，压制全部采用手工石磨压制，压制、烘干后包上棉纸，最后用手工竹篾捆扎笋壳。

千百年来，普洱茶都被人披上了一层神秘的传奇色彩，高泽灿想让客户看到最真实的普洱茶。高泽灿用诗一般语言说道："古树不仅只是古树，它每一片茶叶回归于最原始的简单，回归于您内心最深处的感动。心素如简，人淡如茶，真我时刻，手持香茗。品茶是一种心境，喝茶是一种心情。"（见图7-1）

图7-1　原生态·高海拔·真古树

古法制作：匠人精神造就新农人的事业情怀

接下来，就是故事的高潮——手工古法制作工艺。首先，细腻描述古法手工制作的普洱茶的精妙之处。精选的普洱茶条索紧结黑亮，茶叶内质丰富十分耐泡，茶汤浓度高，滋味厚重，香气高锐，茶气强烈却又汤感柔顺，水路细腻并伴随着浓强的回甘与生津，喝到一定时候，其"霸强"性逐渐显露，此时再去喝其他茶便觉索然无味，总有"黄山归来不看山"之感。冲泡后，汤色清醇黄亮，香气醇厚馨甜；入口爽滑绵软，喉底回甘清晰持久，口感丰富饱满；杯底花果香气沁人心脾。茶历经年复一年存放后，气韵更醇厚悠久。

故事的重点是制作过程，为此，高泽灿丝毫不会吝惜笔墨，将手工古法的制作环节依次展现在听众面前。在高泽灿看来，这样讲故事有两个效果，第一尊重传统：岩海古法系列普洱茶的选料均出自传统优质古茶园，制作工艺均来自于古法手工艺制作，带给您普洱茶最原本的味道。第二传承文化：茶文化历经千年的岁月流转，普洱茶文化更是云南民族传统茶文化的集大成者，是充实内涵，修心养性的最佳品，传统工艺唤起大家对内心修养的重视。

第一道工序：茶农纯手工采茶（见图7-2）。用心挑选每一片茶叶，每一刻的等待，只为最好的茶。

图7-2　纯手工制作彰显匠人精神

第二道工序：杀青。杀青是加工新茶的头道工序，为的是去除茶叶中的杂味和青涩，杀青工艺全靠双手在85摄氏度左右的热工中重复翻炒。杀青，赋予了茶新的生命，新的容颜。

第三道工序：揉搓。杀青后的茶叶要经过纯手工反复揉捻，以破坏茶叶叶表组织茶汁浸出，使片状鲜叶揉捻成条索状。掌握好手工揉捻的力度和时间需要茶工年复一年的经验积累。

第四道工序：晒青。晒青，所有传统的普洱茶原料都必须经过这个工序，阳光是普洱茶品质形成的奥秘所在！没有经过晒青工艺的茶不能称其为普洱茶。晒青，让阳光住进茶的心里。

第五道工序：高温蒸软。散茶全部送往勐海岩海古法茶厂进行细加工，通过人工分拣挑出其中的杂物，而后进行高温蒸软，将晒好的干茶放入做好的容器里，利用蒸汽将茶叶蒸软，这个过程火候的掌握也是相当重要的，蒸过了会把茶叶蒸坏，蒸不透茶叶没办法压制成型。

第六道工序：压制。使布袋内蒸软的茶叶成形后进行压制工序，这部分工序完全遵照古法采用全手工完成。每个石磨的重量，从几十斤到上百斤不等，压制车间的技师每天需要循环成百上千次，搬动这些石磨，体力消耗非常巨大。

第七道工序：定型脱模与质检。压制好的茶叶解开布包，干燥后用手工棉纸包裹起来，包装这个工序要为上一个工序做质检，压制不合格的茶饼会被打回上一个工序。不论饼的大小，背面都是等分的十六折，和太阳旗的折数一致，熟练的技师随手一包都不会有错，不用借助尺子来量。折好之后用糨糊贴上封条。

第八道工序：干燥。不怕漫长的等待，只为干燥得透彻。大自然的温度与湿度，让茶叶在自然中干燥，让口感醇和，汤色如黄金般灿烂。

第九道工序：包装。

第十道工序：笋壳。最终的成品装箱前先要用笋壳捆扎，把5到10饼茶叶捆扎在一起，笋壳捆扎是传统手工古法制作普洱茶的一大特色，笋壳是为普洱茶而生的外衣，当地取材十分方便而且成本低廉。所有笋壳捆扎都不用铁丝，而是用竹篾，取材绿色原生态，而且竹篾捆好后，要打开直接用手拧开即可，不用借助剪刀或者是钳子。如果不拆开的话，它可以保持几十年甚至上百年，不腐不折。

子睿汇聚，知茶一品。故事讲到这，众筹成了水到渠成的事：难得的曼鲁乡·老班章古树茶真味道，您足不出户，便可一品名山真味；茶内含物质丰富，口感及汤色如黄金一般，将随着年份与日俱增，赋予普洱茶特有的收藏价值。

筹资计划：点滴承诺触动听者最后的痛点

高泽灿承诺，通过此次活动所得资金，将全部用于民族茶文化的收集和整理，在此基础上开发出更多有民族文化特色的古法手工茶品来回报大家（见表7-1）。

岩海传统手工古法普洱茶众筹项目资金用途

支付茶农成本费用	茶叶加工	运营费用	技术支持	包装物流
60%	10%	10%	10%	10%

当然，回报环节也需要精心设计。高泽灿承诺，回报物品均为勐海布朗乡曼鲁村岩海古法茶厂亲做亲制，把关每一道环节，以最优的茶料品质回馈爱茶的您（见图7-3）。

图7-3　私人定制让用户有了至尊独享的体验

1. 支持1元，限1800人：回报勐海岩海古法会员资格，每月将以微信形式获得勐海岩海古法会员电子刊。

2. 支持200元，限500人：回报深山老树一提，一提包含5片，每提净含量250克，4提为一盒。由古法茶厂承担运费。

3. 支持500元，限300人；回报御赏金毫熟茶两提，一提包含5片，每提净含量1000克。由古法茶厂承担运费。

4.支持2000元，限100人：回报半坡老寨古树纯料两提，一提包含7片，每提净含量700克。

故事点评

农产品众筹作为一种新型业态，为新农人开展项目资金筹集、积累粉丝客户、传播品牌打开了一扇全新的创业之门。在众筹平台上，通过讲故事的形式展示"小而美"产品的价值，给客户提供涵盖文化、情怀、信任等多元化的消费需求，让产品与用户之间形成共鸣。这种"私人定制"的营销理念，极大地提升了优质农产品商业价值开发的空间。高泽灿通过精心的情节设计，以质朴真诚的手法，将古法手工普洱茶的故事逼真地呈现出来，让听者有一种身临其境之感。结合这个案例，我们可以从以下几个角度把握产品故事的情节设计。

一、主题的确定要聚焦

一个好故事之所以引人入胜，在于场面宏大但主题鲜明、情节交错但主线突出、线索繁杂但焦点不散。高泽灿深刻理解，要在众筹平台上多如牛毛的项目中脱颖而出，关键是让产品故事的主题能够聚焦。在故事中，古法手工制作是勐海布朗乡曼鲁村岩海普洱茶最易于吸引眼球的内容，也是有别于其他普洱茶最大的价值所在。因此，高泽灿始终围绕这个主题主线，展开故事情节的设计。

二、题材的选择要典型

故事的题材是为主题服务的，多则杂少则薄，恰到好处最重要。因此，如何选择好的题材再现古法手工制作的特点，就成为故事成功与否的关键。为此，高泽灿从布朗山茶园的自然和人文环境、古法手工制作的工艺流程和环节、产品的物理形态与消费体验，精选出几个具有代表性的题材，演绎出独特的产品故事。

三、产品的刻画要鲜明

产品作为故事的主人公，个性鲜明才能打动读者。为此，高泽灿聪明地避开了通常的产品故事陷阱——喋喋不休地宣传产品的使用功效，而是将大量的笔墨放在了古法手工制作的十大流程上。于是，我们看到了集文化传承与匠人精神于一体的产品个性。

四、表现的手法要简练

在电商平台上，讲产品故事就怕平淡如水，缺乏调动读者激情的元素。但是，最让人厌烦的是哗众取宠，在无厘头的炒作中打造所谓的爆款。高泽灿从创业的梦想开始，讲茶园、讲制作工艺、讲茶品、讲回报，朴实无华但真诚简练。因此，对于电商创业者来说，我们可能无法做到引人入胜，也不一定学会跌宕起伏，但朴实、简练和真诚，是消费者能感受到和普遍接受的。

第八章 产品展示：提升故事的感染力

—— 让你尖叫的情话松子

- 区隔选择：让产品的故事尖叫起来

- 题材创意：埋下故事疯传的诱饵

- 图文并茂："尖叫"不仅能听到，更能摸到

- 故事情节：产品故事不能没有泪点

- 情景再现：酝酿一场简单明快的视觉冲击波

- 再续情话：将松子的故事推向高潮

电商平台是一个向消费者展示特色产品最具挑战的场所。众创实验室团队（以下简称"实验室"）联手哇客科技团队共同策划的"让你尖叫的情话松子"项目，从产品的选择、故事的立意与产品的展示等多个维度，演绎了疯传产品故事的魅力。

区隔选择：让产品的故事尖叫起来

目前，大型众筹平台对上线项目采取审批制，需要项目筹集方按照固定要求去平台后台提交项目，经由众筹项目负责人严格审批通过后，故事才能最终在平台上展现出来。每天后台有成百上千个故事提交，而审批通过的寥寥无几。

在做松子项目时，如何使其在进入京东平台后不被海量的商品淹没掉，成为实验室面临的第一个考验。目前，电商平台上主流的松子是巴西松子，即便东北松子也和巴西松子一样是有过油的制作环节。为此，实验室将目光聚焦在东北野生红松炭烤黑松子上。

为什么选择小兴安岭的松子？因为来自小兴安岭红松野生山林的松子，经历一年完美的日照雨露，赶在第一场雪来临之前采摘，每颗松塔都来自红松之乡，没有雾霾，没有PM2.5，更没有任何化学肥料，这里毗邻中国最优质的水资源。

为什么选东北野生红松炭烤黑松子？因为好吃要等50年。东北野生红松生长在小兴安岭和长白山的深林里，50年才开始结果有了松塔，是国家二级保护植物。南方常见的黄色松子是油炸并且可以放置3年，野生红松黑籽松子是手工炭烤工艺制作而成的。

众创实验室将产品的独特优点用拟人的手法在平台上展示：

优点满满的"我"：（1）果实质优饱满，黑衣颗颗轻松脱落；（2）销售日期和线下同步，保证大家吃到的是最新鲜、最美味的香榧；（3）加工专业规范，保证符合国家质检总标准，食品安全第一；（4）炒制工艺独到，口感非一般香榧所能比；（5）最严格全面的筛选流程，保证在同类产品中坏籽最少。

题材创意：埋下故事疯传的诱饵

产品选定后，就是产品的消费人群定位。在外包装上，实验室采纳了现代感极强的牛皮纸盒做包装，但在策划中发现，牛皮纸食品包装也越来越普及，仅凭包装的视觉冲击力还不足以展现产品的独特定位。经过一番脑力激荡，团队成员形成共识：松子一般都是女孩子吃居多，可以做成一款男孩送给女孩表达爱意的礼物，朋友间互送的并传达友情的情话松子。

怎样体现传递情话的情景？包装上添加二维码，在后台建立一个数据库，扫描二维码可以录音，然后送给想送的人，收到礼物的人再扫描二维码就可以听到留言，这样一来，包装盒也顺其自然升级为礼盒版了（见图8-1）。

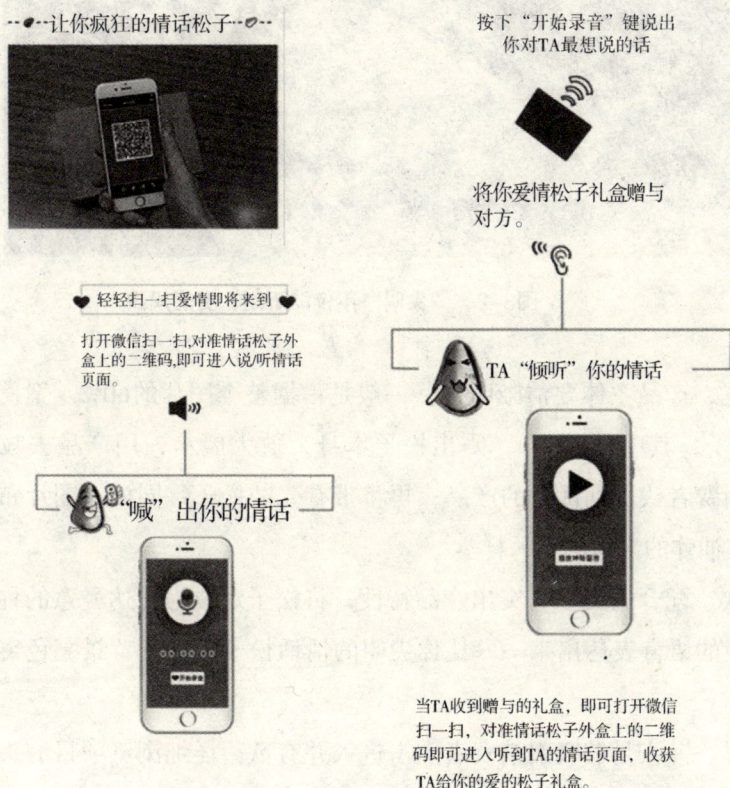

按下"开始录音"键说出
你对TA最想说的话

将你爱情松子礼盒赠与
对方。

· · ●· · 让你疯狂的情话松子 · ●· · ●

轻轻扫一扫爱情即将来到

打开微信扫一扫,对准情话松子外
盒上的二维码,即可进入说/听情话
页面。

TA "倾听" 你的情话

"喊"出你的情话

当TA收到赠与的礼盒，即可打开微信
扫一扫，对准情话松子外盒上的二维
码即可进入听到TA的情话页面，收获
TA给你的爱的松子礼盒。

图8-1　爱情与松子礼盒的体验历程

图文并茂："尖叫"不仅能听到，更能摸到

线上讲故事，头图是重中之重。消费者是被头图吸引，进而关注到项目本身。为此，实验室在头像设计方面下足了功夫（见图8-2）。

图8-2 "尖叫"不仅能听到，更能摸到

首先，产品主体要清晰明确，一般是占据整个图片的60%。案例中，精选3颗松子，其中1颗剥开，露出松子本身，放大展示，用产品去吸引消费者，让消费者认识到优质的产品；再将带有壳的松子一同放入图片布局，尤其突出非油炸的炭烤的不一样。

其次，配合的文字，突出产品特性，将松子定位为传达爱意的种子，用一句简短的语言表达出来——让你尖叫的情话松子，加上背景亮色突出产品主题。

这样，一张足够吸引消费者点击进入并有欲望详细浏览项目的头图就出来了。

故事情节：产品故事不能没有泪点

故事情节是最能拨动粉丝情感的部分。实验室认为，松子的主人公对事业的感情和注入的心血是最好的故事情节，如果将主人公的创业历程淋漓尽致地表达出来，一定会在消费者与创业者之间形成心灵和思想的碰撞。于是，实验室突出"极致""满足"两个关键词，并将这些思想以生动简练的语言传递出去：

"生于80年代的我，为多家500强工作，让我有机会走遍各大洲；多年外企经历让我对'极致'有着特殊的认知。14年创业，互联网、传媒、金融，苦与乐、酸与甜，让我明白这份辛苦是为了'满足'。'满足'成为我又一次新的开始，在与志同道合的伙伴们集结后，我们开始新的旅程。大千世界繁花似锦，但能打动心的却凤毛麟角，我们不辞辛苦四处遴选优质产品，希望能给你带来不一样的极致体验，一切只为你的一声'哇'。"

情景再现：酝酿一场简单明快的视觉冲击波

接下来就是对产品的介绍与描述，这里一定要注意图文并茂。在产品描述中，产品的每一个特点、消费者的每一个需要、策划人要传达的每一个观点，都要单独配图片表达。如为了表现黑松子与市面上其他松子的区别，实验室通过制作精美的对比图，从生长环境、工艺与属性、保质期、特殊的制作过程等几个维度强化产品的优势。

此外，产品美图的展示要更多传递产品内在的特质。其中的小技巧是，拍照时不仅要拍产品本身，还可以通过产品周边的叶子、种植环境、收割环节等全过程展示，让产品生动起来。

通过手绘的方式，把所有流程表达出来，既能吸引消费者仔细阅读，也增加消费者的认同。小兴安岭天然氧吧—百年红松—当季野生—古法炒制—二次筛选—14道严苛工序—森林回馈—崇尚自然 信仰本真，通过这样方式的传递更加直接直观（见图8-3）。

小兴安岭天然氧吧

百年红松

当季野生

古法炒制

二次挑选

森林馈赠

14道严苛工序

崇尚自然 信仰本真

图8-3 手绘流程充满了青春的跳动感

再续情话：将松子的故事推向高潮

产品故事是通过图片文字来传达产品，消费者不知道产品本身的口味，因此，食品类试吃环节很重要。试吃不仅是产品展示的手段，还是吸引流量的策略。在小范围的试吃活动中，实验室通过朋友圈扩散寻找试吃者，一共选择了100人，并要求他们一定要通过微信反馈试吃感受。实验室最终选择了6个试吃者的反馈。主要是以下信息的传达：松子的营养价值、最大最好的松子、人工筛选、口感信息、产地天然无污染、非油炸，这是产品推介和宣传的几个重要指标。一定要注意，指标不能太多，否则会分散消费者的注意力。

产品回报是吸引客流的杀手锏，为此，实验室设置了不同档次的产品回报。1元档，回报是15克的试吃装（包邮），成本是10元，总共设置了50份，500元的预算，上线10分钟就被抢完，增加了互动性；1盒装78元，2盒装155元，5盒装368元，通过价格吸引更多的人购买更多盒，增加单人次购买金额从而提高销售额。此外，特别设置了一个99盒档，吸引对产品感兴趣的渠道商采购。

除了在京东众筹平台上展示外，实验室还以"情话松子"为主题，通过朋友圈九宫格的设置，将微信作为宣传推广的主渠道。当时正值电影《夏洛特烦恼》上映，实验室成员经过讨论，确定了扫描二维码传达爱意与夏洛特烦恼组合的方案，最终产生了如下文案：

"《夏洛特烦恼》用一场宿醉，回到了最想改变的青春起点。可惜不是每一场宿醉都能换来一次全新的从头开始。爱要趁现在，如果给你60秒，这次你会怎么做？Love will Beginning……"传达珍惜眼前，不要错过，再配上精心制作的美图，最终在朋友圈引爆（见图8-4）。

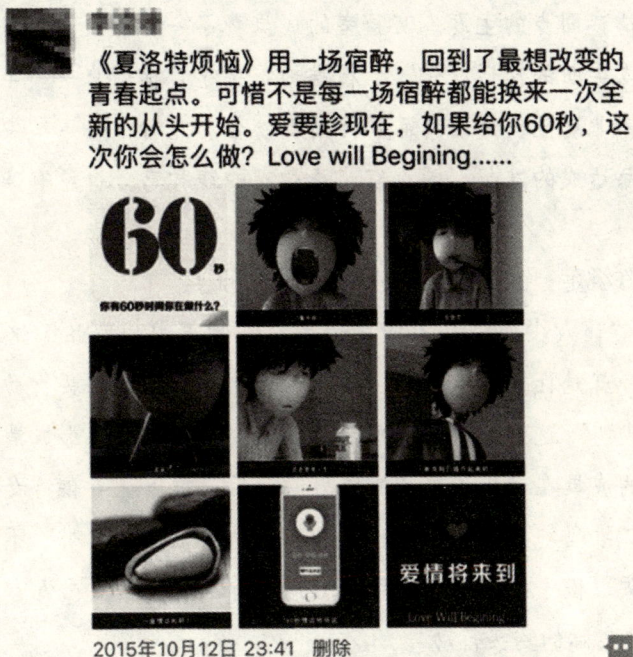

图8-4　《夏洛特烦恼》将松子的故事再次推向高潮

故事点评

一个故事高手，可以把平淡无奇的情节讲得绘声绘色，让人沉浸其中无法自拔，因为故事高手懂得如何把控人们的注意力。互联网经济下，注意力越来越成为稀缺的资源。因此，通过产品展示手段的综合运用，充分调动消费者的感官和情绪，营造引人入胜的体验氛围，应当是每一位电商创业者的必备能力。关于如何提升产品故事的感染力，松子的故事给我们带来许多思考和启示。

一、情感同步：策划一个不同凡响的故事主题

同一个故事，不同的讲法效果也不同。同样的产品，展示的方法可以千差万别，但市场的反响也大不一样。如何透过线上产品的展示，让目标用户情不自禁，就需要精心的策划，让故事的主题聚焦。本案例中，如果仅仅就松子的品质喋喋不休，一定会让听者索然寡味。因此，必须在产品与用户之间构建一个情感同步的主题。实验室的成员费了一番功夫后，将故事的主题确定为"让人尖叫的情话松子"，精准地把握了目标用户——年轻人的情感特点，也与东北野生炭烤的产品属性高度吻合。此时，一声"尖叫"，年轻的用户与产品达成的默契，既没有曲高和寡的违和感，也没有哗众取宠的轻飘感。

二、关联绑定：锚定产品与故事诉求的交汇点

当然，"让人尖叫"并不能成为用户购物篮中的商品，这其中一定还有一个环节，就是让爆发出来的"尖叫"转化为真正的购买行动。于是，为了使"让人尖叫"这条故事主线落地，必须找到一个能够形成消费关联的理由。实验室的成员在经历了艰辛的脑力激荡后，推出让男孩给女孩留爱情誓言，并通过二维码扫描接听的体验活动。于是，"让人尖叫"不再是看不见摸不到的噱头，松子找到了产品故事与消费诉求的交汇点：青春的赞礼、爱情的信物以及实际的购买行动。

三、吸睛大法：制作一场图文并茂的视觉盛宴

从文本展示进入图片展示，是线上营销的基本趋势。在缺乏实物见证的情境下，以图为凭来决定购买，是绝大部分消费决策的依据之一。多种研究也表明，人接收到的信息有百分之七十来自视觉。因此，凭借色彩、版面、图片等技术的综合运用，形成视觉冲击波，是最能激发消费欲望的。从松子的故事中，我们不难发现在这场视觉大餐中，不乏一些让人拍案的点睛之笔：精选3颗松子，其中1颗剥开，露出松子本身，放大展示，凸显产品的美感；再将带壳的松子一同放入图片布局，强化炭烤与非油炸；通过手绘的方式，把所有流程表达出来，通俗直白地诉说着松子的品质。

四、桥段设计：埋下高潮迭起的故事伏笔

故事的讲述者，既追求动力澎湃的激情，又兼顾绵绵不绝的余音。桥段的本意是桥，引申义指"过渡"。产品的展示，不能"尖叫"过后是戛然而止的寂静，要精心设计桥段，为下一次的"尖叫"埋下伏笔。因此，《夏洛特的烦恼》成了松子故事的桥段和过渡，正如文案中所说的："《夏洛特烦恼》用一场宿醉，回到了最想改变的青春起点。可惜不是每一场宿醉都能换来一次全新的从头开始。"

第九章　渠道建设：打通故事传播的路径

—— 被逼出来的丁苹果

- 三年磨一剑："丁苹果"的真功夫
- 剑走偏锋：在"老丁果园"里展示独门武功
- 剑术秘籍："原，吸，活，转，传"5字诀
- 剑客远行：借道更大的平台闯天下

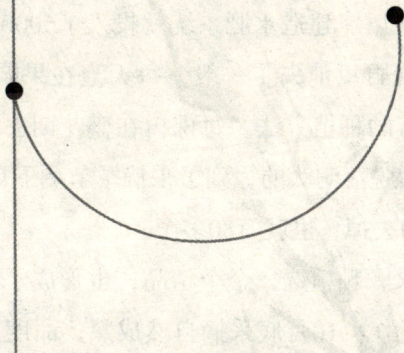

老丁生在煊赫一时的山东黄县"丁百万"家族，他的成长历程写满了传奇：从小经商，6岁收水电费，8岁卖海货；上班仅两年，就成了停职留薪第一人；勇闯保健品行业，从保健品营销第一人到负债累累；转行广告行业，却成了房地产策划第一人；古玩城，四两拨千斤拿下古玩城；消失六年，投身生态农业创业，差点毁了家。

三年磨一剑："丁苹果"的真功夫

这次的转变，源于一次调研。老丁被现实中的食品安全问题震惊：蔬菜和水果种植、流通等环节多、周期长，为了追求利益不惜违规使用化肥、农药、各种添加剂，完全不顾消费者的健康。尤其是赫赫有名的烟台苹果，这几年也开始走下坡路。于是，他暗下决心，从苹果开始，做真正的烟台苹果。

他到果农家中学习苹果的特点，了解土壤、水、肥、光照等种植条件。摸索出一套独门绝活：花钱租来的土地三年不种，先养地；苹果挂果后三年不卖，将几吨苹果都白白送了人，只为收集反馈，改良口感；苹果树深挖80厘米，比一般种植要求深10厘米，全部封入有机肥，表层再填入10厘米有机肥，果树长得壮，果实才好吃；在整个种植期间，不施一点农药、化肥，而是用生物套种的方式，用不同植物和虫害的相生相克方法自然御敌；不用除草剂，秋天直接将草翻入土壤，做天然的草酸钙肥料；苹果树不喝普通自来水，喝的是水+沼液+有机肥的高级营养液。

光是改良土壤、建造水肥系统就投入了5000万—6000万元。这期间，老丁仿佛从公众视野里消失了一般，每天泡在果园里。经过3年的试种试栽，总结出一套独有的种植方法。每棵树在盛花期去花，留下150朵，结果120个左右，去掉自然脱落淘汰的，到了采摘季节剩下100个好果，再把虫和鸟偷吃的、表皮损伤的去掉，也就有80多个。

老丁的苹果颗颗精选，个个精品，也形成了自己的标准：单果直径80厘米以上，表面无伤，10月底采摘自然成熟，甜度18°以上，维生素含量高，口感甜脆多汁，香甜可口。初挂果的两年，他免费送给亲朋及陌生人品尝，大家给他的苹果起了个名字——丁苹果。

剑走偏锋：在"老丁果园"里展示独门武功

由于"劣币驱逐良币"，这样的苹果走不了常规销售渠道。他在分析了自己的产品能力、品牌能力、团队的运营能力后，他认为苹果有很好的消费认知基础、价位合适、话题性强、保质期长、耐储存，与微商模式的匹配度高。

思路清晰了，接下来就是做做预售。吃过他苹果的人都会说一句话：小时候的味道。老丁赋予苹果一个虚拟的身份——苹果树。消费者在认领的同时可以得到以下权益：40斤丁苹果，即1棵树一年的产量；前1000名认养客户，可得到当季有机菜品惊喜礼包一份；黄金富士100元体验券，可用于购买另一品种黄金富士5斤175元；向贵州留守儿童爱心公益捐赠，即以消费者名义，将果树超出40斤的产值折成实物或者转化成等价值现金捐赠。

这样做的好处就是：客单价高，均价是688元；每个客户都是先预付40斤的货款，库存好控制；最多分8次送货，每次送货是5斤，包装标准化，节约包装成本及物流配送成本。

利用易观天马帮帮亲（会员）的身份，在易观的大会上进行路演，与自媒体人大会进行跨界整合，接受地方电视台的采访，赞助电影《糯米的苹果》，做品牌故事市场传播及预热活动（见图9-1、图9-2）。

图9-1　2016年易观新电商大会　　图9-2　第三届中国WeMedia自媒体年会

老丁在做预售中感到，如果没有专门的官网，消费者、合作伙伴很难了解丁苹果的品质和销售模式。为此，老丁申请了老丁果园微信服务号，进而在服务号基础上进行二次开发而成微平台（见图9-3）。有了自己的平台，老丁开始尽情地分享丁苹果的故事。

图9-3　丁苹果有了自己的官网——老丁果园

剑术秘籍："原，吸，活，转，传"　5字诀

接下来，如何圈粉成了当务之急。经过一番摸索，老丁悟出了"微平台运营5字诀"，即：原，吸，活，转，传。

1. 原，即如何获取原始粉丝。老丁的朋友、家人、员工以及这些人的朋友圈，对老丁有一定的信任基础或者合作基础，是老丁原始粉丝的主要来源，这些粉丝不需要投入推广费用，成本低，忠诚度高。

2. 吸，即如何吸引全新的关注者。老丁推出了文章、图片漫画、短视频、音频等形式多样内容，展开了圈粉行动。

3. 活，即通过激励将粉丝的积极性调动起来。丁苹果的粉丝经营从以下四方面着手：一是积分体系，作为核心的激励手段，与用户的各种行为挂钩。比如阅读文章、转发文章、转发活动、参与活动、购物、分享商品等等。二是积分入口设计，通过技术手段将内容、商品、服务、活动等与用户行为对接，形成有效的监测和积分获取。三是积分出口。通常是体现用户的等级身份、特权、兑换礼品（积分商城）。四是标签化管理。就是根据用户行为而贴上不同的名词，把用户形象化、动态化管理。如读了关于旅游的文章的用户，可以贴个"旅游"的标签，经常阅读美食类文章的贴个"吃货"的标签。

4. 转，即粉丝变现和销售。对于苹果而言，影响转化的因素很多：首先是季节性。烟台的苹果10月初成熟，但是很多果农和商贩9月底就开始抢上市，丁苹果却不急，将苹果养至自然熟，要到10月中下旬，但是销售可以前置，提前做预售。其次是苹果树的定位与推广活动是否统一。老丁的用户与产品匹配度高，用户购买转化率自然比较高。第三是产品价值附着力因素。为此，老丁从产品的品质、标准、包装、公益力量助推及当季活动辅助全方位发力。最后是良好的服务及用户体验。质检、包装、物流、客服、惊喜礼包等服务一一到位。经过一番努力，上市第一季3000棵苹果树认领一空。

5. 传，即让用户自觉自愿地传播。"有趣、好玩、可晒"是用户传播的基础：苹果的"胸围"和甜度可以自己测量，要晒；到苹果种植基地去采摘，要晒……3个月内快速聚集起几万次转发，触达人数超过20万……

剑客远行：借道更大的平台闯天下

老丁事业越做越大，市场的半径也越来越广，老丁遇到了一些新烦恼：随着跨区域销售范围的扩大，配送的问题显现出来了；自建平台用户群的规模有限，制约了事业向更高的台阶迈进；老丁的果园既有苹果树又有蔬菜，如何开展标准化建设成了发展的瓶颈。因此，当企业上了一定规模后，就不能按照苹果的套路玩了。为了扩展用户群，必须走大分销的路子——借用别人的平台。

作为天马帮的帮亲，老丁本身就在企业家社群之中，这些人购买力与消费理念都与丁苹果匹配。于是老丁与群主联系，做了一场"内购"（买二赠一）活动，上线半小时，就卖出100多棵苹果树。

事业小有成就，老丁开始盘算：随着来年果树量产，一定要与更多的社群合作，继续拓宽用户群体。另外，也要将触角延伸到国安社区、韩束旗下的极享、天猫喵鲜生等这样的大平台。

故事点评

畅通的传播渠道，是好故事疯传的前提。电商渠道建设就是发现、寻找和构建产品故事与用户之间沟通与互动的通道。互联网和新媒体的普及，对传统商业传播模式的颠覆是全方位的：强行推销让位于故事分享，产品与用户之间的融合互动成产品故事传播的新常态；消费者的身份开始模糊，从"你说我听"向"我们一起分享故事"转变；与此同时，用户的概念已经略逊风骚，取而代之的是粉丝。丁苹果讲述的正是这场渠道变革的故事。

一、渠道定位：产品故事传播的路径

我们将电商渠道定义为产品故事传播的路径，目的是向创业者强调，即使是在互联互通十分发达的今天，产品仍然是渠道建设的核心要素。布局再完善的渠道，如果没有好的产品支撑，故事也无法疯传起来。从本案例中我们看到，老丁总结出许多电商渠道运营和管理经验，这些经验无疑是老丁事业成长中的宝贵财富。但是，真正促成老丁事业成功的是用3年时间、花费大量资金培育出的丁苹果。

二、渠道选择：触及真正的用户群体

电商渠道分为自建和分销两大类型。自建渠道是依托自己企业为经营主体搭建的通路，简单地说是自己聚粉销售。分销渠道是依托外部合作伙伴形成的通路，简单地说就是借粉销售。

从"丁苹果"的故事中我们看到，影响渠道选择的因素有很多，但必厘清两个问题：一是选择的标准是什么？有效的渠道一定是直达用户群体的快车道；二是选择的渠道与企业的能力是否匹配？老丁采取了先自建微平台，再向社群渠道延伸的策略。老丁是根据自己企业的产品能力、品牌能力、团队的运营能力，进行渠道选择的。因此，企业不同发展阶段，渠道选择的重点也不同。

三、渠道运营：与用户共同分享故事

老丁在电商平台上展开的"原，吸，活，转，传"，其核心的经营思想是,让粉丝自觉自愿地参与，共同分享丁苹果故事的精彩。例如，通过苹果树认购，把大家的利益绑定在一起。因此，在渠道人文关系构建时要把握四个度：一是温度。人性化运营，体现运营者的关怀和热情，带动大家一起互动。二是态度。如社群渠道是以一定的价值标准而组建的，为此，要有所为有所不为，切莫贪图一时之利而忽略态度。三是频度。日常运营要有固定的频率，培养用户故事分享的习惯。四是鲜度。内容要不断更新，跟上社会、行业发展的脚步。

四、渠道激励：让粉丝沉浸在故事中不能自拔

渠道激励如同水泵，只要动力十足，地下水就会被源源不断地汲取上来。要让粉丝持续保持分享的热情，恰当的激励是十分必要的。激励并不是越大越好，而是看能不能戳中用户的心。在丁苹果的案例中我们看到，积分成长体系在活跃用户方面发挥了重要作用；会员制度引入让用户拥有至尊独享的价值体验；积分转化成公益捐赠，激活了用户深藏内心的社会责任感。因此，有效的激励是促进活动转发、有效传播故事的助推器。

第十章 互动营销：由推销产品到分享故事

——开个微店玩电商

- 草根创业：开个微店玩电商

- 电商逻辑：服务+激励

- 互动分享：构建一套微店分销体系

阿满是地道的北京平谷小伙儿，按捺不住对家乡大桃的喜爱，他成立了农业合作社，创建了自己的品牌"安和谷"，开启了创业之路。这个小标（见图10-1）是朋友帮他设计的。当时，他想直接将产品对接到大的电商平台，但谁愿意和一个新人合作呢？

图10-1　安和谷大桃标识

草根创业：开个微店玩电商

创业之初，阿满没有经销商的资源，于是先在朋友圈和微店卖货。这一尝试不要紧，三个月后，赚的钱竟赶上了他上班的月工资。他坚定了自己的选择。

阿满的顾客多了起来，或是朋友介绍过来的，或是熟人介绍过来的。聚集了一定的客户群，阿满开始关注：每天多少人来了，多少人走了，多少人会在他发的微信朋友圈后面留言、点赞，多少人开始复购，复购的周期有多久，用什么方式能让客户的基数稳中有升，且愿意复购……

2016年秋天，他发现有一个朋友介绍的一个客户买了9次桃子。一来二去，阿满和这个客户熟了，知道这个客户是广东人，做广告行业的，喜欢吃桃子，还喜欢和好朋友分享。于是他给自己的朋友和这个客户都送了一箱新上市的品种。这个客户收到礼物后非常惊喜，一有机会还是忍不住购买，还带动他身边的几个朋友来购买。

几个月后，阿满发现自己的辛苦没有白费。

电商逻辑：服务+激励

服务，就是每箱他都是认真拣选最好的桃子——个头、品相、成熟度都严格把关（见图10-2）；然后精心包装起来，保证不磕碰，分量上只多不少，以最快的时间发货。

激励，就是给重要的客户一些鼓励，什么样的是重要客户？多次购买的，传播力强的，在阿满看来，这两种人的价值是一样的。在激励上，他愿意用实物的方式去回报客户和朋友。

鲜果季节性很强，如果客户长时间沉默，就很容易流失，更不用说把客户价值挖掘到最大了。因此他围绕家乡平谷的特色农产品进行甄选，看看还有哪些产品符合他现有客户群的需求。于是，在冬天，他又卖起了红肖梨、板栗、核桃等产品。耐储存，拉长了销售周期，也增加了收入。

图10-2　新产品拉长销售周期

互动分享：构建一套微店分销体系

刚刚熟悉了零售，再去做分销，又是另一种玩法了。阿满把分销归结为五步：微商招募、微商分级管理制度、微商货品管理、微商成长扶持以及微商日常管理。

第一步：微商的招募。所谓招募，就是在朋友圈发发广告，告诉朋友们可以加入自己的代理体系。首先明确招募对象。像阿满的产品，经过几个月的试水，他发现购买者很多都是办公室白领，于是他就发动身边的同事、同学们做代理。其次是招募方案。招募方案说白了就是靠什么打动代理商。阿满不想像刘强东说的那样："你是头猪，飞到天上去，疯狂了十几个秒，但摔下来死得更快。"于是，他找来曾经做过分销的哥们一起出主意，共同制定了一份靠谱的微商招募书，如下。

附：***微商招募书

一、招募条件

基本条件：有行业代理经验，熟悉品类

加盟保证金：XXX元，合作终止时全额退还

经营时间：保证每天8小时在线时间

主营类目：经营的产品及品类

二、微代政策

1. 微商等级划分及价格规范

1.1 入门微商：进货价X折拿货；X个月销售额累计达到X元可升级为成长微商；

1.2 成长微商：进货价X折拿货；X个月销售额累计达到X元可升级为成熟微商；

1.3 成熟微商：进货价X折拿货；X个月销售额累计达到X元可升级为榜样微商；

1.4 榜样微商：进货价X折拿货。

备注：

■ 执行统一销售价；

■ 授权的所有产品一律不得低于价格区间的底限，各级微商的产品促销活动要申报公司，统一审批后方可执行；

■ 在产品指导售价不变的情况下允许：团购、秒杀等促销活动。

2. 运营规范：

2.1 授权的微商，当下载产品数据后，商品上架率在80%以上，必须在店铺首页/推广渠道中有1—5个重点主推商品呈现；

2.2 对于授权7天后，不下载产品数据或下载产品数据后，不分类产品的，将取消微代资格；

2.2 对于已经成功交易的订单，如果微商的客户已经签收，没有售后问题不予退换，以保证按时回款。

3. 微商奖励政策

3.1 月销售额达到X元以上（含X元）返现X%；

3.2 月销售额达到X元以上（含X元）返现X%+X%推广费用；

3.3 月销售额达到X元以上（含X元）提供赠品、试用装等实物形式奖励；

3.4 月销售额达到X元以上（含X元）提供其他优惠或者线下活动资格等；

3.5 遇聚划算、双十一等大型活动将给予更大扶持力度，请与分销负责人联系。

备注：推广费用以需要单独申请，如果是品牌公司承担的部分，会直接以账款的形式返给微商或者是以推广费用的方式打入微商的推广账户；

季度销售额累积到一定程度可晋升为更高一级别微商，返点政策执行新晋升级别标准。

4. 惩罚政策

4.1 欺骗消费者行为，如下载XX产品图片和产品信息，发其他的质量差的或者是发其他厂家的仿冒我公司产品的，一经发现，将一律取消微代资格，并网上公布微代会员信息，并予以现金处罚；

4.2 发现违规操作的，取消微商资格，没收保证金；

4.3 享受优惠提货政策，但未完成销售预期的，将会处以扣除优惠政策、降低等级的处分。

三、退换规则

1. 公司与微商之间：

1.1 一经签收，非质量问题不予退换；

1.2 质量问题，公司承担退换货往返运费；

1.3 微商终止合作，货品退回，由经销商承担运费；

1.4 寄回运费不可以到付，公司拒签一切到付物流或快递，请微商与公司售后部门沟通后，寄回，公司收到货品5个工作日内将对微商垫付的运费给予报销。

2. 微商和消费者之间：

2.1 因微商过度承诺、质量问题，导致的退换货的来回运费由微商来承担；

2.2 非质量问题，且产品不影响二次销售，可七天无理由退换货，退换货所产生费用全由消费者承担。

四、加入流程

1. 邮件/微信/电话申请加入XX分销；

2. XX内部审核；

3. 审核通过，XX联系卖家缴纳保证金；

4. 缴纳保证金后，发出确认书和授权书；

5. 微商下载产品资料。

五、招商联系方式（略）

第二步：微商的分级管理制度。在实际的操作中，微商的分级管理有点复杂。于是，阿满就简化指标，重点在等级划分和激励制度上。分销商就分为三个级别：初级是帮忙转发，回报就是实物，这个级别的分销主要是朋友。中级有销售指标衡量，但是只激励不惩罚。阿满不想给经销商太大的压力。高级经销商具备一定的销售能力，对销售感兴趣，阿满给他们一定的任务额度，当然也会有更好的产品价格折扣。

第三步：微商的货品管理。为了确定微商产品的代理价格，阿满把农贸市场价格、超市价格、超市精品农产品（有机、绿色、无公害）价格、精品超市价格（进口品）、网上价格（农产品垂直网站）都摸了个遍，搞清了市场定价、成本定价、活动定价三种定价方法。在此基础上经过一番测算，确定了自己桃子的价格：每箱价格在98—128元之间（品种不同，区域不同），每箱12个、7斤左右。

产品价格确定后，产品的策划与设计就显得至关重要了。经过几个月的摸索，阿满整理出几个关键的点：产品拍摄与图片。对于农产品而言，直接是实物图最好，同时还需配套生产的场景图。阿满知道，很多生活在城市里的人，对果园和农田还是很好奇的，谁不憧憬田园时光，蓝天白云，鸟语花香的生活呢？

产品卖点的挖掘也非常重要，比如黄桃的卖点就一个字：甜！再配上好的文案："今天只能发货100箱，手慢无！""抱歉亲，5点以后只接单不发货""连续2天下雨，影响桃子口感，下一批发货在3天后"……你还不赶紧下手吗？

第四步：微商的成长扶持。由于很多微商是新手，需要传帮带。阿满将自己过往的经验整理成笔记，针对不同阶段的微商，定期发送，并且为他们做好培训支持、终端促销、内容管理等后勤支持工作。首先，针对不同级别的经销商，定期会举办培训。内容有产品培训、销售培训、平台操作培训、推广培训等。其次，定期给分销商提供促销活动和相关的素材。比如单品的限时折扣活动，活动的时间、方式、价格等，以及跟进的促销语、库存告警等。最后，维护和管理，常见的是"334"法则经营朋友圈。30%晒生活琐碎，30%晒人生感悟，40%晒产品，这样的比例不会让大家感觉不适。

第五步：微商的日常巡视。做好了前面的工作，接下来就是巡查分销商的日常工作了。互联网巡店比传统门店巡视方便多了，只需要点开每个人的微信或者销售平台（店铺）就可以看到每日的工作情况了。

故事点评

好产品与好朋友分享。微商创业，就是借助微信朋友圈、公众号、qq、微博、博客等社交媒体，从强行推销向故事分享转变，与朋友共创一番事业。从阿满的创业中我们不难发现：通过服务＋激励的制度安排，阿满与朋友建立起新型的商业互动关系，让平谷大桃的故事传播得更远、更广。在这里，我们重点围绕微商制度设计谈谈创业者关心的几个问题：

一、微商代理制度的选择

要让更多朋友分享产品的故事，就需要有一套比较完善的微商代理制度。微商代理制度有两种，一种是社会化分销，即转发分佣模式，只有一级，分佣比例一般在5%—30%；另一种是多级分销模式，目前允许2级分佣。微商代理制度没有好坏之分，只有适合不适合。

二、招募对象的确定

要找到产品故事热心的传播者，还需要通过招募的方式实现。所谓招募，就是根据自身产品的目标市场，挖掘有能力、有意愿成为"微商"的群体。微商可以是个人，也可以是机构团体。通常，我们可以根据产品定位找到消费者，再根据消费者购买需求找到零售终端，并对零售终端类型进行整理和归类，这样就可以描述出合适的微商画像。

三、招募方案的编制

确定故事传播者，还要制定明确的故事分享规则。招募方案是给微商一个基本的准入门槛和一个理性的成长预期。招募书要对微商的准入条件、等级制度、价格政策、运营规范、奖惩政策、退换货原则等做明确的说明。此外，在推广中，需要对招募方案进行适度的包装和渲染。如："不要等别人肉都吃完了，你才来喝汤""十年前你错过了淘宝，如今你还想错过微商吗？"等，要针对代理商的"利益点"给个理由。

四、推广转化率的提升

推广转化就是说有多少人会通过招募活动加入体系中。有两种方法。一种是直接获益法。这种方法准入门槛低，以加盟程序走完为标准决定是否拿到奖励或者优惠。可以是直接送券、送红包、送产品。这种方法相对来讲比较容易聚拢微商数量，但是质量参差不齐，需要后期逐步进行筛选剔除。第二种是效果获益法。只有最终成交才有奖励，需要获益者先进行货品采买，之后才可以享受到货品的减免、红包等奖励。这样的方法聚拢的微商相对质量较高，不需要后期遴选，但是相比较第一种方法而言，成本相对较高。

五、微商的黏性管理

微商的黏性管理从制度层面包括等级管理和激励管理，从成长扶持方面有培训支持、终端促销、内容管理及日常巡视等后勤支持工作。要在帮助微商梳理业务、实现业绩目标的过程中提升微商创业的黏性。

第十一章 草根创业：如何蹚过事业的拐点

——从『放牛娃』到『功夫侠』

- 初心：父辈的痛挥之不去，建设新农村从自己开始

- 抉择：肉牛产业是一张白纸，更是大好机会

- 破壁：难关一个个闯，风雨过后是彩虹

- 裂变：做大牛文化品牌，走融合发展之路

曾芳，一枚敦厚实诚的85后农村小青年（见图11-1）。见到他，你可能想不到，皮肤黑黑的他已和"牛"亲密接触了6个年头，练就了一股"牛劲"。创业之初，大家都叫他"放牛娃"，奋斗6年后，赢来了一个新外号"功夫侠"。6年来，他始终咬定"牛"字不放松，从养殖、加工、销售，到餐饮连锁，都以牛元素为主题，所创办的"楚牛香"品牌和开发的"功夫牛肉"系列产品日益受到市场的欢迎，"楚牛香"南方肉牛产业成为当地的希望产业。

图11-1　曾经的放牛娃曾芳

初心：父辈的痛挥之不去，建设新农村从自己开始

像绝大多数农村孩子一样，人生的出路在考上大学，跳出农门。靠着自己的勤奋，承载着父母的期盼，曾芳考上了梦寐以求的大学。毕业后，父母希望他在城里找到一份好工作，能过上城里人的光鲜生活。曾芳没辜负父母的期待，几年下来，成为中国平安保险益阳中心支公司一个县城的负责人，拿上了年薪。

但有，一个"结"一直积在曾芳的心里，怎么也解不开。生他养他的地方，洞庭湖畔，山清水秀，但是千百年来，还是靠天吃饭，脱不了"穷"根。小时候，父母要为一家人吃上一餐"饱饭"日出而作、日落而息。每到交学费的时候，父母都会为钱发愁几天，东拼西借，才能勉强凑够，大学四年更是通过国家助学贷款完成的学业。大学毕业后父母负担轻了，但父辈们还是在"一亩三分田"上忙生计，收入没有大的增加，身体却一天不如一天，幸福生活好像遥不可及。

2011年3月的一天下午，曾芳从城里回家看父母，落日的余晖洒在乡村小道上，一个个熟悉的身影映入眼帘，五六十岁的村民在田间劳作，看不到几个年轻小伙子。想想也是，年轻人都在想办法走出去，留在农村是没有多大出路的，也被别人看不起。曾芳一下子陷入了沉重的思考：用学会的知识和本领来回馈家乡，为父辈撑起一片天，应该是年轻人无法推卸的责任。就这样，曾芳开始了农村创业之路。

抉择：肉牛产业是一张白纸，更是大好机会

曾芳对创业是有激情的。大学期间，受2008年感动中国十大人物洪战辉的影响，曾芳加入了洪战辉任会长的学校市场营销协会，跟随他一起尝试做课外辅导书的生意。经过两年的实践，于2006年开设了湖南怀化学院第一家书店，取名"一毛钱读书超市"。同时，创办益阳市"紫丁香"大学生联盟，暑假期间，在全市组织近百名大学生，开展关爱留守儿童勤工俭学活动。"紫丁香"暑假课外培训班连续开办三届，累计培训中小学生达几千人。

但回农村创业与学生时期创业完全是两回事。从哪里入手呢？一开始确实很迷茫，只能先干了再说。在没有想清楚的情况下，曾芳从家家户户都要养的猪开始了自己创业的第一步。但养着养着就感觉不对了，猪一生病就死一批，市场价格波动大，养得越多亏得越多。养猪是干不下去了，留下了一堆的教训。

益阳山区的竹子比较多，搞竹子加工怎么样？曾芳租赁了一个废旧厂房，办起了一个竹筷加工厂。但是竹筷消耗资源大，污染环境，不符合农村产业发展方向，没干多久又放弃了。

一天，曾芳陪朋友去城里一家牛肉餐馆吃饭，看到有的吃牛排，有的点了牛仔骨，还有的在撸牛肉串。回想起小时候骑在牛背上的情景，再对比牛肉和猪肉的价格，他脑洞一下子打开了，决定做一篇"牛"的文章。从产业分布和习惯来看，北方养牛的多，吃牛肉的多，牛产业相对发达。南方养猪的多，吃猪肉也多，生猪产业相对发达。肉牛产业在本地基本上还是一张白纸。随着人们生活水平的提高，从"吃饱"转变到"吃好"，对牛肉的需求越来越大。此外，养牛和养猪相比，在疾病防控上更容易把握，价格受市场波动更小，产业链延伸得更长，营养价值、经济价值也更高。

选准了，那就实打实地干。六年下来，两千多个日夜，经历了无数的汗水和泪水，曾芳带领团队，养殖规模越干越大，建起了千亩的南方肉牛生态养殖基地，以及肉牛繁育、养殖、加工等系列标准化技术和体系；开发出了楚牛香品牌新鲜牛肉、营养牛排、湖湘风味腊牛肉、嚼头牛肉干、功夫牛肉片等系列产品。同时，以"全牛宴"为主题的系列菜系，创办了粉面馆和多家餐饮连锁店。

破壁：难关一个个闯，风雨过后是彩虹

说到创业的艰辛，曾芳几次情不自禁，甚至心有余悸。靠着农村放牛娃血液中流淌的"吃得苦、霸得蛮、扎硬寨、打硬仗"精神，硬是挺过来了。

在农村创业，首先要过思想观念这一关。父母会怎么看你？亲戚会怎么看你？同学会怎么看你？好不容易读了大学走出了农村，没有出息的人才会回农村。他和父母闹了很长一段时间的别扭，自己也迷茫、纠结、挣扎了很久。好在放下了面子，坚持了下来。其实回过头来看，农村市场广阔，国家又支持农业发展，应当把到农村创业看成一次机会。

单枪匹马做不大事业，一定要建立起强大的团队，农村创业尤其如此。刚开始，跟着曾芳一起创业的伙伴，一起驻扎在山上，条件很艰苦，薪酬只能保证基本的生活，甚至养不了家。时间一长，有人熬不过去走了。最煎熬的时候，就剩下曾芳一个人还坚守在山上。曾芳想到了一起长大的发小、同

学，他们中绝大多数毕业于重点大学，有的在中国平安任职营销经理，有的在中联重科任职片区经理，有的是投资公司的合伙人，有的是养殖公司创始人兼技术总监。曾芳一个个地反复与他们沟通，唤起儿时的回忆、激发创业的梦想。奇迹终于发生了。这些发小、同学纷纷放弃在外打拼多年的事业，回到家乡加盟公司共同创业。直到现在，这个团队都是公司的中流砥柱。

资金这一关更难过。农村大学生回乡创业，有的读书期间的贷款都还没有还清，父母的家底大部分也被掏空了。而农业创业，投入大，周期长，成本高，利润小，风险多。创业初始，曾芳大部分是靠向亲戚朋友借款，但靠"借"总不是办法。去找银行贷款，租赁的土地、养殖的牛，都不能成为有效的抵押物，没有人理你。没有办法，曾芳决定对公司实行股份制改造，引进战略投资者。经过自己坚持不懈的宣传、推介，还真打动了一个有实力有情怀的投资者，给公司一次注入了千万元天使投资，不仅解了资金之渴，还带来了企业多年积累的管理经验和市场资源。

技术和产品是最重要的难关了。要保证牛肉的良好品质，必须是良种肉牛。为此，曾芳痛下决心：公司自己繁育品种。将高品质的新西兰安格斯黑牛和法国利木赞黄牛杂交作为饲养牛种，引进国外优质牧草"桂牧一号"，在专业的动物营养学专家的指导下，自主研发有机饲料，学习和消化日本、澳大利亚等国家先进的饲养模式，还创造性地加入了"听音乐、喝啤酒"等养殖环境，使得牛肉的肉质得到大幅度提升。但没想到，只卖新鲜牛肉不赚钱，甚至还亏本。要有效益和利润，必须靠牛肉的深加工开发特色产品。在牛肉加工上，先后建立了一套完善的屠宰、排酸、冷藏生产线，以及营养牛排、风味腊味、特色熟食加工产品生产线。

坚持不做"大路货"。曾芳发现湖南有很大的槟榔产业，吃槟榔成了一道风景，特别是开车的司机都离不开槟榔，但槟榔吃多了对健康无益，还影响环境卫生。曾芳思考，能不能用吃牛肉干代替嚼槟榔？既健康又卫生还美味。于是团队开发出了一款新产品——"嚼头牛肉干"。一经推出，大受市场欢迎。曾芳又想到湖南人喜欢吃辣，麻辣、香辣、猛辣，来者不拒。能不能开发出以"辣"为元素的系列牛肉产品呢？结果，一个个"辣"字招牌的"楚牛香"功夫牛肉片诞生了（见图11-2），投放市场后，"辣哥""辣妹"们一个个吃得酣畅淋漓、情绪高涨。

图11-2　楚牛香系列产品之功夫牛肉

裂变：做大牛文化品牌，走融合发展之路

曾芳说，楚牛香的持续发展，要靠有影响力的品牌来支撑。怎么塑造品牌？关键是要充分挖掘有历史感和现代感的牛文化。在中国历史文化中，牛是吃苦的符号、高尚的象征、任劳任怨的代名词。楚牛香品牌传承的是牛的精神，实在而厚重。楚牛香品牌故事的内涵价值有以下两点：一是"楚牛香"来源于"楚留香"，古有侠客楚留香，行侠仗义伸张正义，今有创客楚牛香，创新创业兴农业。二是湖南有惟楚有材、于斯为盛一说，"楚牛香"中有湘楚之意，香有独特味道远远飘香之意，寄托创业者飘香全国甚至全世界的期盼。

"楚牛香"未来的方向在哪里？曾芳作出的回答是，顺应国家农业供给侧结构性改革，延伸产业链，创建肉牛养殖专业合作社带领农民提供优质牛肉产品，走一二三产业融合发展之路。分地域、分人群开发出具有地域和地方特色的牛肉干系列产品，主打"功夫的""健康的"，捍卫舌尖上的安全；建设牛文化主题公园和以"牛"为主题的博物馆、体验馆，科普牛的品

种、饲养方法、牛肉的不同餐饮价值等，呈现牛文化的历史感和现代感；发
展连锁餐饮，发展楚牛香牛肉火锅店、牛肉粉面馆，让人们从吃的过程中品
味牛文化，为八大菜系之一的湘菜添加力量。

故事点评

    这并不是一个典型的电商故事，但作为大学生创业的成长借鉴，道理
是相通的。创业是坚强者的游戏，是从贫穷到富贵、彻底改变命运的必经
之路。与众多的创业者一样，曾芳从草根起步，怀揣着必胜的信心，风雨兼
程。曾芳的创业故事虽然只是沧海一粟，但一滴水可以折射出太阳的光辉。
一个创业者的故事，也许由以下六个点组成。

    一、触点，即触发创业激情的场景、事件或情结

    曾芳的创业触点源自一次回家省亲，落日的余晖洒在乡村小道上，一个
个熟悉的身影映入眼帘，五六十岁的村民在田间劳作，看不到几个年轻小伙
子。于是，为父辈撑起一片天，就成了曾芳开始农村创业的情结。这种情结
很朴素，但由于是发自血脉中的激情，所以会更深沉、更持久。

    二、卖点，即激情之后对市场最朴素的把握和分析，通常这种把握和分
享往往是不正确的

    曾芳的创业充满了失败，养猪失败了，竹子加工生意失败了。经过许
多尝试，终于将事业的重点放在了养牛上。因此，每个创业者在事业起航阶
段，都满怀希望、激情飞扬，然而在付诸行动时，才会发现，理想和现实相
差甚远。创业是艰辛的，需要在前期对市场深入地了解，需要有对失败正确
面对的心理准备，同时也需要他人的指点和帮助，这样才能事半功倍。

    三、难点，即要完成满足卖点而提供的产品和服务，总会有一些难以实
现的功能或设想，这通常会让创业者几乎放弃

    曾芳用了6年的时间完成了从"放牛娃"到"功夫侠"的蜕变，这期间，
父母的不理解、资金压力大、技术瓶颈、市场受阻等，每个难题都可能成为

放弃的借口。但曾芳始终咬定"牛"字不放松，最终，所创办的"楚牛香"品牌和开发的"功夫牛肉"系列产品日益受到市场的欢迎，"楚牛香"南方肉牛产业成为当地的希望产业。因此，每一位草根创业者都应秉承这样的事业誓言——不言放弃。

四、泪点，即创业过程中最难放过的或最痛苦的一件事，比如产品出现问题的召回，团队骨干的离去等

在事业最艰难的时期，跟着曾芳一起创业的伙伴，一起驻扎在山上，条件很艰苦，薪酬只能保证基本的生活，甚至养不了家。时间一长，有人熬不过去走了。最煎熬的时候，就剩下曾芳一个人还坚守在山上。曾芳在创业中经历的磨难是不言而喻的，但风雨过后是彩虹。因此，创业意味着坎坷，意味着可能面对窘迫、寂寞，那种灯下独饮苦酒的滋味，只有勇者才能品得，英雄的定义不仅是技压群雄，更是锲而不舍的坚守。

五、拐点，即用于某一措施策略使事业出现重大转机，开始走上良性发展或有了明显的曙光

曾芳的事业拐点出现在一次陪朋友去城里一家牛肉餐馆吃饭，回想起小时候骑在牛背上的情景，再对比牛肉和猪肉的价格，他脑洞一下子打开了。从此，这篇"牛"的文章开始顺畅了。从中我们是否可以悟出，事业的拐点也许在不经意间降临，但一定是光顾给那些有准备的人。因此，创业者要处处留心身边的机会和项目，做好事业起飞的准备。

六、兴奋点，即创业取得明显成果，良好的市场口碑和业绩等

现在，曾芳的事业越做越大了，曾芳开始规划过去不敢想的愿景：顺应国家农业供给侧结构性改革，提供优质牛肉产品，走一二三产业融合发展之路。从曾芳的故事中我们可以得出这样的结论：创业是许多人的梦想，但创业又不完全是梦想。它是激情与执着、艰辛与快乐、泪水与喜悦的交织物。在创业的道路上每位创业者都曾有过"山重水复疑无路"的痛苦，也有过"柳暗花明又一村"的快乐。或许有人会在无奈中选择放弃或退缩，但是更多的人却选择在逆境中重新奋起。

第十二章 创业起航：不仅靠舌头打天下

——电商创业者的角色扮演与事业推进

- 追梦者：开启新思想的航向标
- 倡导者：推动新变革的发起人
- 传播者：播撒新希望的播种机
- 志愿者：怀揣新情怀的奉献者
- 践行者：引领新事业的实干家
- 鼓动者：激发新潜能的疏导师

成功学中有一个经典故事，讲的是大臣打了胜仗，国王决定犒赏他。大臣说：我的要求不高，只要在棋盘的第一个格子里放1粒米，第二个格子放装2粒，第三个格子放4粒，第四个格子放8粒，以此类推，直到把64个格子放完。国王一听，暗暗发笑，要求太低了，照此办理。不久棋盘就装不下了，改用麻袋，麻袋也不行了，改用小车，小车也不行了。粮仓很快告罄，那格子却像一个无底洞，越来越填不满。国王终于发现，他上当了。一个东西哪怕基数很小，一旦以几何级数成倍增长，最后的结果也会非常惊人。

在电商世界里，一个卑微的草根创业者，很可能就是那一粒事业倍增的种子。互联网时代本质上是一个倍增的时代。大裂变呼唤大格局，大调整需要大洗牌。作为农村电商的一名创业者，均面临着职业生涯重新设计、角色重新定位、能力重新提升、魅力重新打造的巨大挑战。因此，在事业起航之际，让我们重新审视自己，扮演好事业前行的多重角色，让产品、故事甚至思想像病毒一样传播开来。我们结合6位实践者的画像，探讨电商创业者应扮演好的6个角色。

追梦者：开启新思想的航向标

张志成，北京云华农汇网总裁，一位说话办事都爽快的青年企业家（见图12-1）。他有一个梦想，将农汇网打造成国内领先的农业产业链互联网服务网站，提升农民合作社、家庭农场、专业大户以及农业企业等农业经营组织的互联网应用和现代经营能力。为此，他不知疲倦地四处奔波，向客户介绍公司的业务模式和做法。每次洽谈，他都能够在很短的时间内清晰地传递他的信息，从不拖泥带水。因为，事业的愿景已经深深根植在他的脑海中，无须过多的思索就能脱口而出。

卡内基说：人类因梦想而伟大。因此，在电商事业的道路上，创业者要努力将自己塑造成一位执着的追梦者，因为有了梦想，事业就有了愿景、追求就有了方向、生活就有了目标；梦想所焕发出来的能量是巨大的，与一个有梦想的创业者交流，你会被他那坚定、果敢、自信的气场所感染，这份自信源自他对梦想成真的强烈渴望；有了远大的梦想，创业者不因暂时的挫折而沮丧，更不会为眼前的得失而计较；追梦者就像茫茫大海中的航向标，不论是创业的低谷还是事业小有成就，他都会一直在那里闪烁，引领人们向既定的方向前行；有梦想的创业者，往往不惧怕变革带来的不确定性，他们接受新理念、新思想、新技术的速度很快，他们深刻地悟到：未来唯一持久的竞争优势是比对手学习得更快。

图12-1　追梦人张志成，北京云华农汇网总裁

倡导者：推动新变革的发起人

贾世贤，遵义市供销合作社联合社人事教育科原科长。2015年年初，参加了全国供销社电商培训工作推进会。会上，浓厚的电商氛围一下点燃了他创业的激情，产生了时不我待的紧迫感。回去后，火速召开系列会议，着手遵义市供销电子商务有限公司的创建工作。其间，需要游说政府相关主管部门，与强势的知名电商平台开展商务谈判，最终顺利取得中国特色遵义馆开馆的资质，贾世贤受命出任遵义市供销电子商务有限公司总经理。紧随其后的便是馆区的筑巢引凤工作，包括线上线下的设计装修，入驻公司的招商引资，相关项目的合作洽谈等多管齐下，短短5个月时间便实现了开馆试营业。回顾这一程急行军，不难想象贾世贤是凭着怎样的口舌之功与坚韧之力，成

就令人称羡的遵义速度。由于在农村电商工作中的出色表现，贾世贤被提拔为怀仁市副市长。

倡导者，新事物的发起者、呼吁者和推动者。当众多人站在事业发展的十字路口徘徊不前时，倡导者随即站出来，振臂一挥，事业的拐点瞬间被突破。贾世贤正是在供销社转型升级的关键时刻，挺身而出，扭转被动局面的那个人；倡导者具有敏感的嗅觉，一旦捕捉到市场机会，他们就会竭尽全力地付诸实施。贾世贤仅用5个月就上线遵义馆（见图12-2），在他看来，机会错过将不再光顾；通常，倡导者都是新变革的发起人，他们确信，这个充满变数的电商领域，唯一不变的是变化。

图12-2　倡导者贾世贤，遵义特色馆创始人

传播者：播撒新希望的播种机

池玉林，浙江桐庐聚超网公司创始人（见图12-3）。略显敦厚的身材、炯炯有神的目光、轻微的江浙口音，很快抓住了听者的注意力；夸张的表达和幽默的话语，是后天习得的特长。例如，他绘声绘色地描述由于聚超网"革了当地经销商命"，自己面临着经销商的联合"追杀"；另外，他在演讲中分享的免费喝咖啡、免费住五星级宾馆等电商营销案例也让人如醉如

痴。正是由于这种出色的演讲能力，使得咨询洽谈的客户排起了长队，从而获得了源源不断的合作机会。

图12-3　传播者池玉林，桐庐聚超网创始人

严格意义上讲，互联网作为新媒体，首要的属性是传播，因此，口才显得十分重要。马云在杭州电子科技大学从业英语老师7年，俞敏洪北京大学任教6年，敦煌网CEO王树彤曾是清华大学软件开发和研究中心的教师；平静的湖面永远造就不出高深的水手，创业者总能在士气低迷中激昂演说，点燃众多人奋进的希望；也许是不经意间的一句话，也可能在三尺讲台上的一次课，产品、故事及思想疯传起来了。因此，在电商领域，演讲与口才是一个创业中者必备能力。

志愿者：怀揣新情怀的奉献者

王世良，邢台市供销社流通科科长，特色中国邢台馆的负责人（见图12-4）。在主题为"让思想和产品疯传"的电商师资训练营中，年纪最长的他，却有着一副热心肠，自告奋勇地要为大家服务，后来在一轮激烈的竞选演说后被大家推举为班长。在他的带领下，同学很快打成一片，到培训结束时已是难舍难分。从中可以看出，王世良从小处着手，甘于奉献、热心助人的精神，是赢得团队认可的关键，也是邢台特色馆成功的一个重要因素。

图12-4　志愿者王世良，邢台市供销社流通科科长

志愿者的一个基本特质是奉献。我们经常说从事农村电商需要有情怀，其实，情怀更多的时候是指奉献精神，是社会责任感的集中表现；奉献是一种态度，是一种行动，也是一种信念。赠人玫瑰，手有余香。一句问候，一抹微笑，一个赞许，都会让人感到温暖甚至欣喜；心拥奉献之念的人是有力量的，在砥砺奋进的征程中，甘于奉献的人不仅给我们带来了温暖，还是不断激励我们的心灵导师。

践行者：引领新事业的实干家

张长宝，南京忆之味电子商务有限公司董事长，赶超网的创始人（见图12-5）。张长宝给人的第一印象是善于学习、精于行动。创业之初，他以赶超的心态，到处取经和请教，从一招一式的模仿开始做起，其中的艰难自不待言。梅花香自苦寒来，目前赶超网上的蜂蜜、鸡蛋、西瓜、白酒等普普通通的农产品，经过故事包装和活动策划开始大卖特卖。

陶行知原名叫"知行"，即万事先"知"，而后才有"行"。后来他发现"知"易"行"难，于是就把自己的名字改为"行知"。因此，在创业的道路上，无论地图多么详尽，都无法代替我们走路，只有行动才是成功的开始。创业者最忌纸上谈兵，没有行动，事业的梦想终将是海市蜃楼；你总是在犹豫，总是在拖延，那是因为你没有具备说走就走的行动力。在新商业时代下，人类财富平均每两年就要重新分配一次，所以，你现在是否具备疯传思想的能力不重要，具备多少也不重要，重要的是掌控下一个财富再分配的法则：立即行动。

图12-5 践行者张长宝，南京忆之味电子商务有限公司董事长

鼓动者：激发新潜能的疏导师

有诗相伴，路才能走得更远。具有诗人气质的创业者，一定是豪迈的、奔放的、感性的和细腻的，这些都将是通往成功之路的宝贵财富；鼓动者通常具有诗人的潜质，因为一首好诗，最能划破人们内心深处的痛点，激发无限的事业渴望。蒋川龙，供职于四川省南充市嘉陵区供销社，中国科普作家协会会员，四川省作家协会会员，在各级媒体发表各类文章多篇，著有诗集，代表作有《与梅对视》《五十年》等。在这里，我们摘录他的《栀子花开香满园》中的一个片段，一起体验诗歌的魅力。

县域电商路何方，凝神屏气费思量；
勇立潮头凯歌行，跃马扬鞭鹏正举。

精挑产品严把关，绿色有机是首选；
百家企业搞联盟，千种产品入平台。

统一包装塑形象，深山特产有市场；
质优价廉居民喜，电商品牌响当当。

凤垭山上云霞染，嘉陵江水绿如蓝；
倚立栏头放眼望，轻舟已过万重山。

　　中国正在开始的消费升级，让传统的营销方式和营销模式逐步转变。农产品正从大规模大市场向"小而美"精品化转变，消费者也变得越来越精致。每个优质农产品的成长过程，都蕴藏着丰富的故事。乔纳·伯杰在《疯传》一书中告诉我们，在互联网飞速发展的时代，好的故事可以像病毒一样疯传。我们认为当今世界通吃天下的事情已很难复制。但是，在新的营销世界里，故事或许是可以通吃天下的。因为故事中有人物，有时间地点，故事情节，形象生动，能够打动人。因此，讲好故事是非常特殊的营销智慧。

　　习近平总书记多次强调，要讲好中国故事，向世界传播中国好声音。在农业供给侧结构性改革和农业现代化推进的今天，讲好农产品的故事、讲好农村创业者的故事，是我们"三农"工作者的社会责任。

　　《电商创业：疯传农产品的故事》以农产品电商营销为主题，通过一篇篇通俗易懂的短文，讲述了一个个农村创业者的成长故事。达哥拯救老味道行动、从月子妈妈到酒酿妹妹的蜕变、让你尖叫的情话松子……产品普通得不能再普通了，人物草根得不能再草根了，但是，只要你放下躁动的思绪用心聆听，你一定会发现，其实农业领域的故事是那么美好，农村创业者的故事是那么动听。正是因为这些创业者认真讲好了自己的故事，让他们的产品、品牌打动了消费者，市场也伴随着故事的传播而延伸。

本书是北京商业管理干部学院继出版《中国农村电商案例精选》之后的又一本农村电商案例精选。只不过我们这一次把案例的选择聚焦在那些善于讲好故事的创业者身上。我们知道中国农村每天都在上演精彩的创业故事，"小而美"农产品每天都在创业者的创意中涌现，希望下期能有你的故事出现。

本书的另一个主编单位——智惠乡村志愿服务中心，是经中华人民共和国国务院民政部批准的全国性、具有独立法人资格的非营利性社会服务机构。作为城乡一体化发展的一支新生力量，智惠乡村志愿服务中心跨界建立造血型志愿服务"生态圈"，不同类型的机构在生态圈里发挥不同的作用，实现志愿服务、社会服务促进商业服务，商业服务反哺志愿服务和社会服务的良性循环。相信传播农产品的故事，离不开这些有情怀的社会力量。

让我们共同提升疯传农产品故事的能力！让我们在故事疯传中探寻飙升农村电商业绩的秘籍！让我们在故事疯传中掌握农业草根创业的真谛！

北京商业管理干部学院党委书记 黄道新

责任编辑：张　燕
封面设计：汪　阳
责任校对：吕　飞

图书在版编目（CIP）数据

电商创业：让农产品的故事疯传起来/黄道新 主编. —北京：
　人民出版社,2017.11
ISBN 978－7－01－018490－6

Ⅰ.①电…　Ⅱ.①黄…　Ⅲ.①农产品-网络营销-研究　Ⅳ.①F724.72

中国版本图书馆 CIP 数据核字（2017）第 267131 号

电商创业：让农产品的故事疯传起来
DIANSHANG CHUANGYE RANG NONGCHANPIN DE GUSHI FENGCHUAN QILAI

黄道新　主编

人民出版社 出版发行
（100706　北京市东城区隆福寺街 99 号）

北京市文林印务有限公司印刷　新华书店经销

2017 年 11 月第 1 版　2017 年 11 月北京第 1 次印刷
开本：710 毫米×1000 毫米 1/16　印张：7
字数：110 千字

ISBN 978－7－01－018490－6　定价：32.00 元

邮购地址 100706　北京市东城区隆福寺街 99 号
人民东方图书销售中心　电话（010）65250042　65289539